しずおか老舗味物語

のれんを守り続ける79の名店

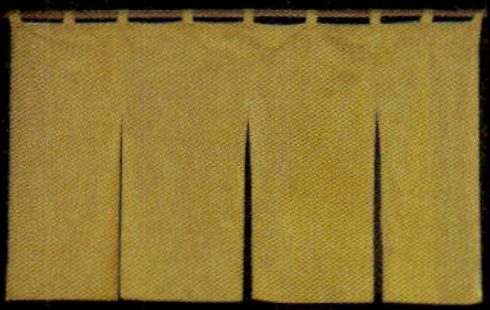

安土桃山時代創業のとろろ屋
江戸時代にのれんを掲げた蕎麦屋
明治から8代続く料亭
大正時代に屋台から始まったラーメン店
昭和30年代生まれの純喫茶…。
本書は、長い年月を経て、今も変わらず愛されている
県内の老舗にスポットを当てた一冊です。
創業時のエピソードや、看板メニュー誕生の秘話
意外な歴史や逸話と共に、79の名店へご案内します。

しずおか老舗味物語

のれんを守り続ける79の名店

料亭・割烹

鰻・鮨・天ぷら

和食

蕎麦

洋食

ラーメン・中華

《データの見方》

- 住 住所
- ☎ 電話番号
- 営 営業時間
- 休 定休日
- 席 各席数、個室数(最大人数)
- ¥ 取り寄せ可能商品名と価格
- 取 取り寄せ方法

●情報は2017年11月現在のものです。価格、定休日、営業時間、掲載の料理等は、変更になる場合があります。
●掲載店の価格表示は、税込を基本としています。
●年末年始、GWの休みは省略しています。

居酒屋・バー

喫茶店・甘味処

お取り寄せできる老舗の味

料亭・割烹

【静岡市葵区】

「入りて風情有り」「出づるに余韻を残す」

求友亭

1.門をくぐり、明かりに導かれ玄関へと進む　2.車海老芝煮、カステラ玉子などが盛られた「前菜」（手前）と、太刀魚葱鋳込み焼き、焼き目栗、焼き松茸の「焼物」（奥）

明治13年。夏目漱石の『硝子戸の中』にも登場する神楽坂の料亭「求友亭」で修業した初代・天方岩吉さんがのれん分けを許され、伊藤博文らの後ろ盾を得て静岡の地に店を構えた。これが「求友亭」の始まり。静岡市内に現存する料亭のなかでも古い、歴史ある店だ。

現在の建物は平成元年に建て替えられたものだが、風情ある門構え、日本伝統の数寄屋

3.初代に贈られた伊藤博文筆の書　4.昭和15年の静岡大火前の玄関 ※3、4は店より提供

鱧落とし、赤烏賊な
どが盛られた「向付」

手入れの行き届いた
風情ある庭

造りの客室、床の間の掛け軸、庭に配された明治初期から大正のものといわれる灯篭…。それらすべてに風格が漂う。

料理は静岡の食材で仕立てる会席料理で、旬や走り、なごりなど、四季折々の味が堪能できる。「粗末な材料なら粗末な材料を生かすように。良い材料なら良い材料を殺さないようにして、良い料理を作ることが大切。手を加えすぎず、奇をてらわず。素材の味を補うのが味付け」。これが4代目・元太郎さんの信条だ。祝いの席、商談の席、酒が進むにぎやかな席、それぞれの宴席に合わせた献立、味付け、器選び…。細部まで心を配る。

東京・銀座での修業を終え5代目・裕太郎さんが数年前に家業に入った。「料理屋の基本の仕事を守っていれば、自分なりに時代に合わせ変えていってくれればいい」と4代目は話す。その言葉に5代目は「時には洋食の要素を加えてもと思っています。お席によって、お客さまによって好みもいろいろですから、それに合わせたおもてなしができれば」と応える。「入りて風情有り」「出づるに余韻を残す」。これが代々受け継がれてきた「求友亭」のおもてなしの心だという。

5

6

7

5.初代から続くカツオの角煮「松魚のゆたか煮」（2パック）2800円　**6.**庭を望む客室「紅葉（かえで）」　**7.**3代目が残した器の数々

求友亭　きゅうゆうてい

創業 1880年（明治13年）
住 静岡市葵区常磐町1-6-1　☎054-252-0250
営 17:00～22:00 ※完全予約制
休 日曜、祝日 ※人数によって応相談
席 個5室（～100人）

【静岡市葵区】

日本文化の趣に浸る慶喜公ゆかりの料亭

浮月楼

1. 別館「浮殿」から見る庭園。池は明治時代とほぼ同じ形で残り、風情ある木橋が架かる
2. 婚礼の日には正門に葵の御紋ののれんが掛かる。脇に徳川慶喜公屋敷跡の石碑が立つ

浮月楼　ふげつろう

創業 1891年（明治24年）
住 静岡市葵区紺屋町11-1　☎054-252-0131
営 11:00〜14:00、17:00〜22:00 ※要予約
休 年末年始
席 個16室（〜180人）

江戸幕府最後の将軍・徳川慶喜が、明治2年から約20年間暮らした元代官屋敷が「浮月楼」の前身。慶喜が西草深町の新邸に移った後、数人の出資者が「静岡の駅前に迎賓館を造りたい」と敷地と建物を買い取り、明治24年に料亭「浮月亭」を開業。翌年に「浮月楼」と名を改めた。新幹線が開通するまでは料亭旅館としての顔も持ち、伊藤博文が逗留したこともあったという。慶喜が当代きっての庭師・小川治兵衛に造らせた広大な庭園はほぼ当時のまま残り、ビルが林立する街中で、緑豊かな別世界の趣を感じることができる。

　生え抜きの料理人が作る懐石料理は、マグロだしを使った京風だしがベース。はんなりと上品な味付けが、浜名湖のうなぎから、オクシズのワサビ、駿河湾のサクラエビ、「富士山岡村牛」、稲取のキンメダイまで、静岡県の豊かな自然に育まれた食材の良さを引き立てる。

　「日本文化が変容していく時代にあって、料理のみならず接遇、部屋のしつらえ、庭園など、本来の日本文化を発信するのが使命と心得ています」と8代目に当たる取締役の久保田耕平さん。結婚式や祝い事など晴れの日の舞台として選ぶ人が多いのは、今も静岡の迎賓館として愛されているからに違いない。

数寄屋建築が美しい別館「明輝館」1階、葵の間

庭園を望む「浮殿」のテラス席。昼は気軽な懐石弁当、夜は懐石のほか地酒と酒肴も楽しめる

【静岡市葵区】

風情ある和室で味わう名物「すきやき」

三笑亭本店

「季節のおまかせ会席」6178円～より「前菜」

三笑亭本店 さんしょうていほんてん

創業 明治時代半ば
住 静岡市葵区両替町2-2-2 ☎054-252-2136
営 11:00～14:00LO、17:00～22:30（21:00LO）
休 日曜（月曜が祝日の場合は営業、月曜休み）
席 個11室（～250人）

創業は明治半ば。正確な年代は分からないが、「三笑亭本店」という名には、初代・大石乙次郎さんの思いが込められている。由来は「夢中になり、ほかのすべてを忘れてしまう」という中国の故事「虎渓三笑（こけいさんしょう）」。それほど充実した、いい時間を、ここで過ごしてほしいと名付けたという。

建物は戦災や大火で焼け、現在の店舗は昭和20年代に建てられたもの。ケヤキの階段、松の一枚板の廊下、屋久杉の天井、床の間のある落ち着いた雰囲気の客室には季節のしつらえが施されている。この風情ある重厚な造りで、多くの時の名士を迎えてきたのだろう。

四季折々の会席料理に定評があるが、「いつの時代も名物は『すきやき』でした」と話すのは専務の大石正司さん。仲居さんが鉄鍋に牛脂を溶かし、精肉店直営ならではの極上の牛肉を焼いてくれる。程よく火が入ったところで、代々伝わる秘伝の割り下を注げば、食欲を刺激する豊かな香りが立ち込める。卓上にはめこまれたすき焼き鍋を置く炭火の入った「銅壺（どうこ）」には、燗酒のための穴も備え付けられ、なんとも粋だ。

空間やもてなしも含め、歴史ある三笑亭本店ならではの味を堪能したい。

大正から昭和初期の三笑亭本店
※店より提供

県産の極上牛肉を堪能する「すきやき」(1人前)6178円〜(2人前〜)。仲居さんが給仕し、最高の状態で提供してくれるのも料亭ならでは

【静岡市駿河区】

一世紀変わらない心と数寄風流懐石

待月楼

昔から伝わる調理法ながら、時代と共に味を変えてきた「とろろ汁」

待月楼 たいげつろう

創業 1919年（大正8年）
住 静岡市駿河区丸子3305 ☎054-259-0181
営 11:00〜14:00、17:00〜20:00 ※要予約
休 火曜
席 テーブル30席、個10室（〜85人）

大正時代、宴会時には静岡市街から芸者衆が呼ばれた ※店より提供

旧東海道の落ち着いた趣を残す丸子の地。この豊かな自然の中に1000坪もの敷地を誇る料亭「待月楼」はある。創業は大正8年、地元の名士が集う会員制倶楽部として誕生した。その後、旅館やバス会社の経営を経て、料亭へと姿を変えた。その間には漁業権のある安倍川で鵜飼いをし、アユ料理を出していたという話もある。

懐石料理を提供するようになったのは、大阪の「吉兆」で修業した3代目・八木章夫さんが家業に入った昭和50年代から。懐石を基本に、地の素材を生かし、時には洋食の食材も取り入れ、目で、舌で季節を愛で、風流を楽しむ「数寄風流懐石」が3代目の身上。タイ、アマダイ、アカムツなどの駿河湾の幸や、「静岡そだち」などのブランド牛、県内産の野菜など、静岡の恵みが繊細で美しい一皿となって登場する。天然の自然薯を昆布とサバのだし、信州みそで調味した風味豊かな「とろろ汁」も、年月を超えて愛されている名物だ。

「時代に合わせ変えてきた料理と、変わることなく大切に守り続けてきたもてなしの心。献立からしつらえまで、お客さまが求めているものを提供するのが待月楼の神髄」と話す3代目。皇族をはじめ、中曽根康弘元総理、池波正太郎、山下清など、多くの著名人がこの店でくつろぎの時を過ごした。

柿なます、みぞれ和え、鯛の子などが盛られた「八寸」（手前）と、「牛肉と秋の恵みの吉野煮」（奥）

数寄屋造りの個室から望む庭

料亭・割烹

【浜松市中区】

秘伝のだしが自慢 浜松初のすっぽん店

富久竹

1.一層の発展を願い、昭和29年に「富久竹」と改名　2.3代目を継いだ高木一弘さん。自慢のだしを使った一弘さん考案のうどんやコロッケなどの新メニューもある

富久竹　ふくたけ

創業 1946年(昭和21年)
住 浜松市中区田町231-5　☎053-452-0995
営 11:30〜13:30(平日のみ)、17:00〜23:00
休 日曜
席 カウンター10席、テーブル4席、座敷70席、個2室(〜14人)

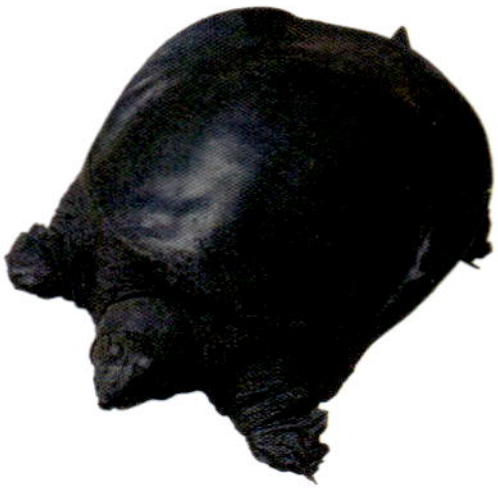

1kgほどのすっぽんを使用

昭和21年、温暖な気候を好み浜松へ移住した福井県出身の上大門一守さんが創業。福が竹のように伸びるよう、店名を「福竹」とし、のれんを掲げた。以来変わらず、舞阪にある日本初のすっぽん・うなぎの養殖場「服部中村養鼈（ようべつ）場」から仕入れるすっぽんを食べさせる専門店だ。

現在腕を振るうのは、初代の弟子・2代目の高木国年さんと、息子の3代目・一弘さん。いけすで丁寧に泥抜きし、臭みを消す工程は、欠かせない仕事。味の真髄となる鍋のだしもまた、創業者の技を実直に守る。一般的なしょうゆベースではなく塩味のため、素材の良さがシンプルに伝わり、あっさり飽きずに食べ進められる。

「すっぽんコース料理」は3種類あり、5400円〜。この値段は破格と言ってもいい。上質素材をお得に楽しめるのはやはり、地元ならではの利点だ。

「すっぽんが浜松の財産であることを、全国に広めたい。その使命を果たすために、専門店として長く続けることが大事」と一弘さん。平日ランチには「すっぽん雑炊」「すっぽんスープうどん」など手頃なメニューもあるので、初心者も気軽に扉を開いてほしい。なによりすっぽん料理は、滋養強壮はもちろん、コラーゲンがたっぷり。美容効果の期待も高いのだから。

生血・卵の塩漬け・刺身・から揚げ・鍋・雑炊・香物が付く「もりもりコース」7560円。おちょこ1杯分しか取れない刺身は希少な珍味

料亭・割烹

【富士市】

宴を彩る伝統の技とおもてなしの心

はせ川

日本料理 はせ川 はせがわ

創業 1905年（明治38年）
住 富士市吉原3-3-14 ☎0545-52-0343
営 11:30～13:30、17:00～20:30
休 日曜夜（昼は予約のみ）
席 テーブル20席、個6室（～50人）

祝い事や仏事、結婚披露宴、接待などの席に使われることが多い「はせ川」。その創業は明治38年。宿場町としてにぎわう当時の吉原には芝居小屋が多く、初代・長谷川治三郎（じさぶろう）さんが仕出し屋「長谷川亭」を始めた。その後2代目がうなぎ料理を、3代目が会席料理を提供するようになり、4代目・小口頼一（よりかず）さんが腕を振るう現在は、うなぎ、しゃぶしゃぶ、すき焼き、会席と、幅広い料理で宴を彩り、楽しませている。

「伝統的な日本料理の技は、時が流れようと変わりません。人と人、人と食との出合いを大切にしたおもてなしの心を、忘れないようにしています」と話す4代目。四季折々の料理はもちろん、器や部屋のしつらえ、調度に至るまで行き届いた心配りが、１００年以上もの長きにわたり地元に愛されているゆえんなのだろう。

1.「月会席」8640円の一例。色鮮やかな料理が並ぶ **2.**霜降り黒毛和牛、野菜、きしめんが味わえる「しゃぶしゃぶ」4320円 **3.**6人まで対応可能な萩の間 **4.**昼の「野点遊膳」1950円。気軽に楽しめるランチメニューもそろう

【浜松市中区】

桝形

浜松自慢の食材を美しい一皿に

明治24年、初代の鈴木坂次郎さんが浜松初の天ぷら店を開業。これが「桝形」の始まりで、戦後に油の調達が厳しくなり、割烹旅館へと転身。現在は割烹・懐石料理店として4代目の鈴木佐智生さんが伝統を引き継いでいる。

地元産の旬の食材や、浜名湖、遠州灘で獲れる魚介を使った「浜松ブランド懐石」のほか、すっぽん料理も古くからの名物で、現在は「服部中村養鼈（ようべつ）場」と地元飲食店の協力で完成したブランド「徳丸すっぽん」を使う。お薦めはやはり「すっぽん鍋」だ。

地元浜松のブランド豚「はまな三丁目の豚肉」を使った、口の中でとろけてしまうほどやわらかいあっさり味の「名物豚の角煮」や駿河湾産のスルメイカの「イカゾーメン」など、先代から続く料理が変わらぬ人気を誇っている。

浜松 桝形 ますがた

創業 1891年（明治24年）
住 浜松市中区肴町316-40 桝形ビル3・4階 ☎053-452-0498
営 11:30～14:00 ※完全予約制、17:00～23:00
休 日曜
席 カウンター4席、テーブル4席、掘りごたつ27席（3階）・10席（4階）

1.「徳丸すっぽん」特別コース12960円のすっぽん鍋　2.「イカゾーメン」864円　3.「名物豚の角煮」864円　4.旧店舗の天井に使われていた屋久杉板に、書道家・佐藤蕉堂さんが「舞」の文字を書いた壁掛け

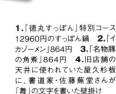

うなぎをふんだんに使ったぜいたくなコース料理は8000円～(2人～)

【三島市】創業160余年 湧水と丹念な仕事が客を呼ぶ

桜家

三島のうなぎ店と言えば…、まず名の挙がる「桜家」。その始まりは安政3年にさかのぼる。当時は、神の使いとされるうなぎを料理として出す習慣がなく、馬肉料理を提供した。店名はこの馬肉から「桜家」と名付けられた。明治維新後の文明開化の波が訪れた頃、新しい文化を取り入れようとうなぎを始めたのではないかというが、確かなことを知る者はいない。

うなぎ 桜家《さくらや》

創業 1856年(安政3年)
住 三島市広小路町13-2 ☎055-975-4520
営 11:00～20:00 ※なくなり次第終了
休 水曜(祝日営業)
席 テーブル30席、座敷80席

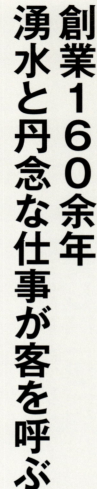

伊豆箱根鉄道「三島広小路駅」すぐの場所にあり、店の前はいつも人であふれている

現在店主として切り盛りするのは5代目の鈴木潮（うしお）さん。先代が亡くなり、20歳という若さで店を受け継ぐこととなった。「当時は本当に右も左も分からない状態でした。とにかく代々受け継がれてきたこの店を守らなくてはと、毎日必死でした」と話す。

「桜家のうなぎは後を引くような、飽きのこない味」。そうありたいと先代は、その味を「かるみ」と表現した。そのた

1

3

2

めにはまず、地下から汲み上げる富士山の湧水を数日間に渡りうなぎに流し、しめるところから始まる。そして一番の要が「焼き」。現在は馬目樫（うまべがし）の備長炭を使う。かたく重みのある炭は火持ちと火力が良いが、その火力を保ち続けるための調節はとても難しい。「うちわで火力を保ちながら焼き込んでいきます。うちわの使い方一つで味も食感も変わってくるんです。しっかり焼き込めば、時間がたってもかたくならない」。厳選した備長炭で何度も返しながら焼き込むうなぎに、代々継ぎ足してきた秘伝のたれが絡むと、光り輝く照りが生まれ、さらに美しさを増す。湧水と、丹念な仕事が、桜家の「かるみ」を生み、多くの客を通わせるのだろう。

1.「うなぎ丼」3750円（2枚）、4950円（3枚）吸い物付き　2.「うまき」1650円など、一品料理も充実　3.「白焼」2600円（1枚）、4950円（2枚）　4.焼き手は5代目と弟子の2人。職人の技で次々と焼かれていく　5.1階はテーブル席と小上がり席、2階には座敷の大部屋を用意

【静岡市葵区】

「坂東太郎」と出合い新たな歩みが始まった

新通り あなごや本店

1

2

1.「うなぎ・あなご丼」の看板がかかる明治時代の「あなごや本店」※店より提供　2.5代目の稲森秀明さん　3.「白焼（大井川共水うなぎ）」3800円

割烹・蒲焼 新通り あなごや本店　しんとおり あなごやほんてん

創業 1862年（文久2年）
住 静岡市葵区新通1-2-3　☎054-252-0268
営 11:30～14:00LO、17:00～19:00LO
休 月曜（祝日営業、翌日休み）※HPで確認を
席 テ32席、個2室（～22人）

3

創業は文久2年。幕末に東海道筋の料理屋として誕生し、明治時代は食堂として繁盛。清水次郎長も来店したという。昭和に入ると冠婚葬祭にも応じる日本料理店として、能舞台を持つほどの格式を誇った。当時からうなぎの蒲焼きは人気があったが、意外にもうなぎ専門店として営業するようになったのは10年前から。「さまざまな変遷がありましたが、大切なのは、その時々の時代に求められる料理を提供する感性。長い歴史に誇りを持っています」と、5代目・稲森秀明さんは話す。

仕入れるうなぎは、水質や飼料などにこだわり育てられている千葉産の「坂東太郎」と、1年半かけてゆっくり生育させる焼津産の「大井川共水うなぎ」。この2つのブランドとの出合いが、5代目にうなぎ一本に絞って営業することを決意させた。看板メニューは「うな重」。代々継ぎ足してきたたれはうなぎに合わせて配合を調整。うなぎ本来のおいしさを味わってほしいと、あえて控え目に。ふっくらとした肉厚な身の香ばしさと、濃厚な旨みを堪能できる。ワサビと岩塩で味わう「白焼き」は蒸さずに直焼きするため、脂がのった独特の歯応えが楽しめる。「お造り」「燻製」「西京漬」など新たに考案されたうなぎ料理も話題を呼んでいる。

大井川共水うなぎの
「うな重・肝吸」4100円

【浜松市東区】

割烹旅館の時代から愛された「うな丼」

中川屋

1.昔は天竜川で、その後は井戸の中で、今は近くの専用施設でうなぎを生かし泥や臭みを抜いている　2.「うな丼」3024円　3.ビルの裏にひっそり残る築100年の風情ある建物

うなぎ・割烹料理 中川屋　なかがわや

創業 1877年(明治10年)
住 浜松市東区中野町861-2　☎053-421-0007
営 11:00～14:00、17:00～19:30LO
休 毎月7・17・18・27日(土・日曜、祝日営業、代休あり)
席 テーブル24席、座敷32席(1階)・20席(2階)

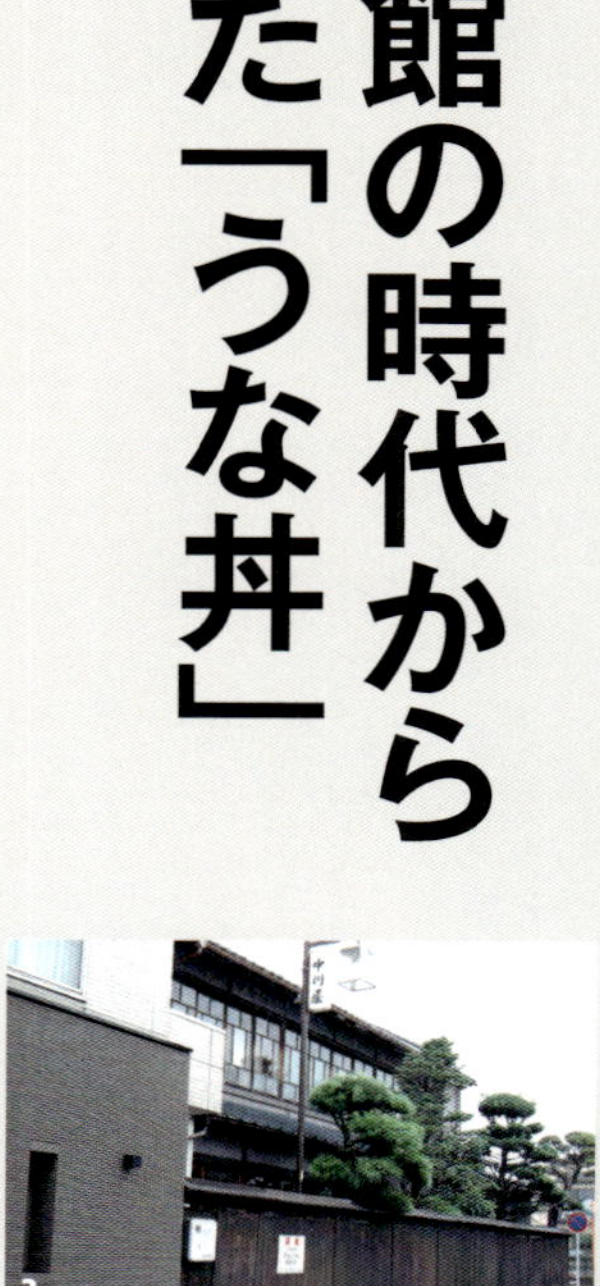

店の前は旧東海道。200mほど歩けば、天竜川の土手にたどり着く。構えは4階建ての大きなビルだが、その奥には、築100年の大正時代の風情ある建物が残り、ゆったりとくつろげる座敷席となっている。「創業の明治10年っていうのは、3代目の証言。だからもっと前から店はあったかもしれないね」と話すのは現在、浜松駅近くで中川屋支店を切り盛りする4代目の村越武さん。本店では5代目・信彦さんが腕を振るう。

中川屋の前身は割烹旅館だが、天竜川のたもとという土地柄、周辺は材木店が多く、当時から天竜川で生かしたうなぎを提供していたという。「ここのうなぎはおいしい」と評判を呼び、いつからか浜松のうなぎ店といえば必ず名前が挙がる名店に。

現在は、地下100mの井戸から汲み上げた清らかな水の中、じっくり4日ほど生かした後に調理する。「臭みが抜けて身もしまるから、焼いたときに、皮と身の間のぬめりがないんだよ」と武さん。うなぎは苦手だがここのなら食べられると通う人もいるほどだ。焼きは強めにパリッと仕上げ、関東風だがやわらかすぎないのも特徴。「うな丼」はもちろん、うなぎまぶし、うなぎ茶漬け、とろろ茶漬けの3つの味が楽しめる「うなぎとろろ茶漬け」も人気だ。

「うなぎとろろ茶漬け」3942円

割烹旅館だった頃の面影を残す座敷席

【浜松市中区】

「うな重」に欠かせない深蒸しと炭と、秘伝のたれ

藤田

1

うなぎ 藤田 ふじた

創業 1892年(明治25年)
住 浜松市中区小豆餅3-21-12 ☎053-438-1515
営 11:30～14:00、17:00～21:00
休 木曜
席 カウンター6席、座敷94席、個8室(2～60人)

創業は明治25年、4代目の藤田将徳さんの曽祖父・金三郎さんが、浜名湖で獲れたうなぎの行商を始めたのが起源だという。貴重な活うなぎを、長野県飯田市の割烹料亭まで届け、鮮度を保つために、道々、天竜川の水を何度もかけて運んだという逸話も残る。その後2代目が「もっと地元の人にも食べてほしい」と養鰻業を始め、昭和39年にうなぎ店を開いた。

地下水で1週間ほど泥を抜く「活かし込み」は重要な仕事。そうして身のしまった臭みのないうなぎを15分以上「深蒸し」する。余分な脂が抜け、うなぎ本来の旨みが凝縮されるというわけだ。「備長炭の上に、先代の父が作り上げた秘伝のたれが落ち、その香りが身に移るんです。ガスや電気ではこの味は出せない」と4代目。「ただただ、おいしいうなぎを食べてほしい」、そのシンプルな思いは明治以来変わっていない。

2

3

1. うな重は「川」3024円、「花」3564円、「山」4104円(写真)。川・花・山というネーミングは天竜川を上って行商に歩いた初代を思って3代目が付けた **2.** 現在は養鰻業はやめ、浜名湖産を中心に活うなぎを仕入れる **3.**「うなぎの白焼き」3348円

【浜松市中区】

創業明治40年、浜名湖の漁師だった渥美吉重さんが焼いた天然うなぎの蒲焼きから、歴史は始まった。「先代たちから受け継いだものを進化させるのではなく、その純度を高めていきたい」。そう語るのは5代目の渥美悟さん。その最たるものが蒲焼きの命ともいえるたれで、代々伝わるベースはそのままに、15年掛けてわずかに変化させ、今のたれがある。

看板料理は関東風の蒸しと、関西風の焼きを組み合わせた「うな重」。渾身のたれをまとった香ばしく、ふんわりとしたうなぎは、東でも西でもない浜松の「あつみ」の味。やわらかさと噛み応えのバランスに気を配り炊き上げたご飯との相性も絶妙だ。しかし5代目はただ一言、「情報に左右されずに、ただシンプルに感じて味わってもらいたい」。なるほど。素直にいただこう。

ふんわりと香ばしい あつみ流蒲焼き

あつみ

うなぎ料理 あつみ

創業 1907年(明治40年)
住 浜松市中区千歳町70 ☎053-455-1460
営 11:30〜13:40、17:15〜19:30
休 水曜
席 テーブル10席、座敷24席

1.ピンクペッパーが香る5代目考案の「香味焼き」2300円 **2.**「うな重」3850円 **3.**さらに純度を高めた代々伝わる秘伝のたれ

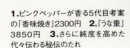

【熱海市】

宮家別荘で振る舞われた名物「穴子の手巻き」

寿し忠

焦げ跡が残る熱海大火を逃れた看板

寿し忠 すしちゅう

創業1933年（昭和8年）
住 熱海市銀座町7-11 ☎0557-82-3222
営 11:00～15:00、17:00～20:00LO
休 水曜
席 カウンター5席、テーブル6～8席、座敷4～7席
2階広間40人、個1室（6～8人）

創業昭和8年。温泉保養地・熱海という土地柄から、また役者志望であった初代の親交から、有名女優や俳優、映画監督、文豪が多く訪れたという。店内には往年の大スター・月丘夢路、石原裕次郎の写真やサインが飾られている。そして歴史を物語るものがもう一つ。昭和25年の大火で創業当時のものはほとんど焼失したが、これだけはと持って逃げた看板が、屋根瓦の上から今も店を見守り続けている。

相模湾や駿河湾で獲れた地魚を、酢の利いたシャリで握る江戸前ずしが好評の「寿し忠」。ふんわりと口の中でとろける「穴子」と、エビのすり身と大和芋を合わせた薄焼きの「玉子焼き」は創業時からの二大名物で、今も根強い人気を誇る。この店独自の、のりの上に「穴子」をのせ手巻きずしのように食べるスタイルは、初代が宮家の熱海の別荘に呼ばれた折、お召し物を汚さないようにと考案したものだという。

「技は目で見て盗め」という教えの通り、先代の所作すべてを目で舌で、そして体で覚え自分のものにしてきたという3代目の柴﨑吉彦さんは話す。「味や手法を変えるのは簡単なこと。大事なのは伝統を守り、次へ伝えていくことです」。

昼限定の「地魚海鮮丼」
1080円

7〜8年寝かせたつめを
塗った「穴子」1512円と
のり。「玉子焼き」432円、
「玉子焼き握り」540円

【三島市】

一子相伝　門外不出のたれ

あめや鮨

1.4代目の長倉慶雄さん　**2.**木曽漆塗りのカウンター

あめや鮨　あめやずし

創業 1868年（慶応4年·明治元年）
住 三島市大宮町1-1-21　☎055-975-1152
営 11:00〜14:00、16:00〜21:00
休 水曜
席 カウンター12席、テーブル8席、座敷12席、2階座敷·テーブル（〜35席）

「いらっしゃい！」威勢の良い掛け声が響く店内。三嶋大社近くでおよそ150年続くすし屋ののれんを、客が次々とくぐっていく。店名の「あめや」は、すし屋の前身であった水あめ屋から引き継いだもの。当時は「富士のさらし飴」という名前で笹の葉に挟んだ水あめを、参勤交代や大社参拝に訪れる人々に売っていた。すし屋に変わった理由は不明だが、今は「三島に来たなら、あめや鮨のマグロ」という常連も多い。

　この店には創業当時から一子相伝で守られているたれがある。マグロ、甲殻類、アナゴ、煮切り、それぞれの専用だれだ。4代目親方の長倉慶雄さんがその製法を受け継いだのは26歳の頃。家族が寝静まったある晩、先代に「今から大事なことを教えるが、教えるのは1回限り。風呂場に行って体を清めて来い」と言われ、しゅくしゅくと口授された。今もその製法を知るのは親方だけ。たれの味に魅せられた客の中には折りで持ち帰り一晩寝かせ、マグロにしっかりとたれが染み込んでから食べる人もいる。

　一から作るふんわりとやさしい甘さのおぼろ、細かな飾り切りをあしらう葉蘭（ハラン）など、職人の巧みな技と手間暇かけた仕事ぶりが細部に光る。郷愁の思いで訪れる客に応えられるのも、伝統の味があるからこそだ。

地元の職人が一枚ずつ絵付けしたという明治時代の皿

マグロ用、イカ用、アナゴ用と、たれを使い分ける

30年以上変わらない価格で提供する「梅ちらし」1080円（左）。おぼろやシイタケの含め煮も上品な「特上ちらし」2500円（右）

【沼津市】

先代から受け継ぐ名物「すきみ巻き」

双葉寿司

重厚感のある千社額。縁まで細工が施されたものは珍しい

双葉寿司 ふたばずし

創業 1951年（昭和26年）
住 沼津市千本港町121-8 ☎055-962-0885
営 11:00〜20:00
休 火曜、月1回水曜
席 カウンター10席、テーブル18席、座敷60席

魚市場にほど近い沼津港食堂街に店を構える「双葉寿司」。ここには先代から受け継いだ一品がある。マグロを一頭買いするからこそできる「すきみ巻き」だ。すきみはマグロの骨の隙間や皮の裏に付いている脂がのった身を丁寧にこそぎ落としたもの。今では誰もが知る巻き物だが、双葉寿司は50年以上前から多くの客を楽しませてきた。

創業は昭和26年。先代の高島貞夫さんが今の場所から数軒隣に小さな店を構えて始まった。店名の「双葉」は当時の名横綱・双葉山からとったという。実はこれより前、まだ魚市場が永代橋の近くにあった頃、魚屋相手にすしを握り、箱に入れて1貫何銭かで売っていたという話も残る。

「おまかせ地魚入りにぎり」
2700円

現在の建物は昭和50年頃に2度目の移転で建てられたもの。その開店祝いに仲買人から贈られた、細やかな装飾が見事な千社額が今も飾られている。カウンターには、最近見かけなくなった指先をすすぐ手洗い場が備え付けられ、昭和の面影があちこちに見て取れる。先代は80歳を超えてもすしを握っていたそうで、その先代がいたつけ台に、今は2代目の栄司さんと、息子の3代目・貞臣さんが共に立つ。まずは、箸でなく手で「すきみ巻き」を。味わったら指先を軽く水でぬぐい、さあ次は何を食べようか。ネタは沼津港で朝仕入れたものばかりだ。

「すきみ巻き」1950円

中央に立つのが2代目の高島栄司さん。板前が並ぶカウンターは活気にあふれている

【静岡市葵区】

駿河湾の美味を握り伝えるすし職人

八千代寿し鐵

1.今も現役の「いずみ」　2.さびは香り高い安倍奥で育った本ワサビを使用

寿し割烹 八千代寿し鐵 やちよすしてつ

創業 明治時代半ば
住 静岡市葵区八千代町63-4　☎054-255-5511
営 11:00〜14:00、16:00〜22:00
休 水曜
席 カウンター12席、テーブル4席、座敷10席、個3室（〜30人）

「駿河のにぎり」近海物10貫2376円

安政3年生まれの大鹽白猿（おおしおはくえん）さんが、静岡の八千代町に店を開いたのは明治半ば。ところがこの初代は遊興を好む人物で、2代目は自ら東京のすし店に奉公に出て、江戸前の技を習得し持ち帰った。以来、江戸前ずしの「寿し鐵」として知られるようになったという。

店舗は平成になって建て替えられているが、調理場には年代物のお櫃（ひつ）やざるなどの道具が並び、つけ台に立つ4代目・大塩正一さんの脇には、年季の入った「いずみ」が一つ。シャリの入ったお櫃を保温する、藁で作った筒で、今もこれを使う店は珍しい。シャリにも強いこだわりがある。米は甘みが強く、酢を加えても水っぽくならない硬質の岐阜県産を使用。敷地内の地下60ｍから汲み上げる安倍川の伏流水で炊き上げる。

店主いわく「息子に引き継いでほしいのは、静岡の魚のおいしさをお客さんに伝えること」。御前崎のカツオ、由比のサクラエビ、用宗のシラスはもちろん、焼津・小川港からはタチウオ、タイ、ヒラメ、アジ、天然ミナミマグロなど、今日も5代目と共に目利きし、朝獲れの魚を仕入れる。光物の酢〆、秘伝のたれを塗った煮アナゴ、すり身と三つ葉を入れて焼く卵焼き、魚で作るおぼろ…。どれもここでしか楽しめない伝承の味だ。

「穴子白焼き」「昆布〆の真鯛」など時価

【浜松市中区】

かまど炊き一筋 庶民の味を守る

五代目山口屋寿司店

1.通りからかまど炊きの様子が見える
2.5代目の千賀大介さん

鮨処 五代目山口屋寿司店 ごだいめやまぐちやすしてん

創業 1868年頃（明治元年頃）
住 浜松市中区肴町316-44 ☎053-452-1768
営 11:30～14:00、17:00～23:00 ※金・土曜～24:00
休 月曜、第3日曜
席 カウンター8席、テーブル8席、個1室（掘りごたつ4席）、座敷大広間（～45人）

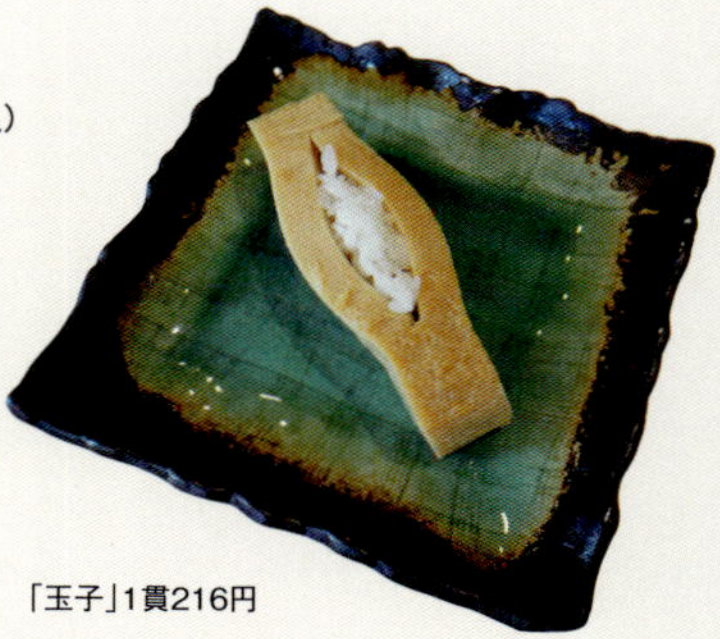

「玉子」1貫216円

山口屋の朝はご飯炊きから始まる。かまど全体を熱が包み込み、米が踊り炊き上がる。一粒一粒がしっかりと立ち、艶やかな光を放つ。創業時から変わらないこのかまどの薪炊きこそ、150年近く守り継がれてきた、いわば儀式だ。明治維新の頃に初代・千賀庄助さんがのれんを掲げ、現在は5代目の大介さんが腕を振るう。

まず味わいたいのは看板メニューの一つ「こはだ」。大きさや季節に合わせて塩や酢の加減を調整するのが職人の技だ。「穴子」は、アナゴの煮汁や骨、イカの足、酒、しょうゆ、ざらめで作る秘伝のたれが自慢で、シャリとの相性もいい。「だし巻き玉子」は、北海道産の昆布と京都から取り寄せるかつお節からとっただしと、浜松の「高井養鶏」の卵で丁寧に焼く。頬張れば、だし汁と卵の旨みが一気に口の中にあふれ出す。高知産のショウガを使ったあっさりとした甘みのガリは、隠れた人気の一品。熱々の粉茶は川根茶で、すしに合うように香りと濃さを微調整したオリジナルブレンドだ。

「『すしは本来庶民の食べ物』。先代も言っていたこの言葉を大切にしたい。決まりはないので、自由に好きなものを食べたい順番で注文してください。もちろん小さいお子さんも大歓迎です」と大介さんは話す。

3.「こはだ」1貫324円　**4.**「穴子」1貫540円
5.かまど炊きが、口に入れるとほろりとほどけるシャリを作る

【沼津市】

職人の技と味をカウンター席で楽しむ

天春

3代目・古屋浩一さん。店主との会話もカウンター席の楽しみの一つだ

天春 てんはる

創業 1948年（昭和23年）
住 沼津市東宮後町22 ☎055-962-1922
営 11:30〜14:00、17:00〜20:30
休 月曜（祝日営業）
席 カウンター11席、テーブル12席、座敷35席

昭和40年代の様子
※店より提供

静かな住宅街にひっそりと建つ、昭和23年創業の店。当時から天ぷらやうなぎを主に商っていたという。現在の店舗は昭和50年代、2代目が建て替えたもので、それ以前は座敷だけだったが、客の目の前で天ぷらを揚げるカウンター席が設けられた。

「長くやっている店だから、味は常連のお客さんの記憶に残っている。それだけに天春の味をしっかり守っていかなければ」と話すのは家業を継ぎ25年目を迎えた3代目・古屋浩一さん。関西の割烹旅館などで経験を積んだ後、店に入り初代の技を見て学んだ。油は上質な焙煎ごま油。油自体が褐色のため、衣は少し濃い目で、焙煎ならではの香ばしい香りが食欲をそそる。ネタは沖縄産の活きクルマエビのほか、キス、イカ、カボチャ、シシトウ、アスパラ…。トロール漁が解禁になる秋はクロムツやデンデン、メヒカリ、メギスなど駿河湾の深海魚を使うこともある。かつおだしベースのつゆはもちろん先代から受け継いだものだ。

目の前でしなやかに動く職人の手、天ぷらが揚がる時の心地いい音。カウンター席の醍醐味はなんといっても、このライブ感だ。「敷居が高いと思われがちですが、ファミリーや若い世代にも気軽に立ち寄って味わってもらいたい。いい油で揚げた天ぷらはやっぱり違う。きっと新しい発見があると思います」。

「天ぷら」単品160円～。珍しいまんじゅうの天ぷらもある

壁にはネタの書かれた札が並ぶ

【静岡市葵区】

七間町の変遷を知る天ぷらの名店

天文本店

天文本店 てんぷんほんてん

創業 1879年(明治12年)
住 静岡市葵区七間町14-3 ☎054-252-0510
営 11:00〜14:30、17:00〜21:00
休 不定休
席 カウンター6席、テーブル20席

横浜での修業を終えた6代目が家業に就いた2018年1月、新店舗が完成。厨房では、80年以上使い込んだ羽釜や、だしを濾すざるが現役で活躍する。創業は明治12年。当時静岡一の繁華街だった七間町で日本料理を提供し、映画帰りの人々でにぎわった。歩兵第34連隊の兵士がよく食事に訪れ、静岡師範学校の寄宿舎に出前することもあったという。

天ぷらがメニューの中心になったのは80年ほど前から。「代々伝わるのは、ごま油と大豆白絞油の独自ブレンドと、少し甘めの天つゆ」と話すのは5代目の萩原康宏さん。不動の人気は、サクラエビ天ぷらと、しらすごはんのセット「駿河の味」。5代目考案の「桜えび茶漬」も看板メニューの一つだ。「一族が守ってきたのれんに、自分も新たな魅力を加えたい」。そう話す6代目・文一郎さんの挑戦が今始まろうとしている。

1.「駿河の味」2000円の桜えび天ぷら。しらすごはんが付く **2.**上品なかつおだしのつゆをかけて食べる「桜えび茶漬」1000円 **3.**明治38年に店舗前で撮影した1枚 ※店より提供 **4.**5代目・萩原康宏さん

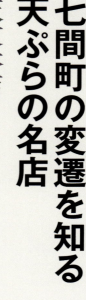

【掛川市】

花揚げ衣のサクサク天丼

天金

創業昭和23年、現在は3代目の平岩源一郎さんが厨房に立つ。看板メニューは、エビ2本と野菜がたっぷりのった「天金の天丼」。衣の一つ一つが立ったサクサクのエビ天は、まるでフライのようだ。最初に衣だけを細かく揚げ、その上に具をのせてくるむ「花揚げ」という技法で、「これは私の代から導入したもの。丼つゆは初代の頃から継ぎ足してきたものを使っています」と平岩さん。初代の柴田兵太郎さんは元々証券会社を営んでいて、客に振る舞う奥さんの天ぷらが評判を呼び、店を出したのが始まり。当時は宿泊もできる離れがあり、旦那衆の遊び場だったとか。その名残りから現在も旅館を併設している。

11～3月に登場する「カキ天丼」は、5年前の登場以来、心待ちにする人が多い。創業以来の丼つゆと花揚げの技が融合した一杯を楽しみたい。

割烹旅館 天金《てんきん》

創業 1948年（昭和23年）
住 掛川市肴町1-16　☎0537-23-3188
営 11:00～14:45LO、18:00～19:45LO
休 木曜
席 カウンター6席、座敷8席

1.3代目の平岩源一郎さん **2**.100個以上そろえた有田焼の丼。現在、おかもちはテイクアウト用に常連さんが使用している **3**.「天金の天丼」1280円、ランチタイムは1200円。赤だし付き。甘口の丼つゆが、サクサクの天ぷらによく合う

【静岡市駿河区】創業420余年 東海道名物、丸子のとろろ汁

丁子屋

1.かやぶき古民家の「芭蕉さんの部屋」 2.「木綿から絹に」なるように、すりおろした自然薯をあたる 3.64畳の大広間には広重の「東海道五十三次」(復刻)が飾られている 4.明治・大正時代は住まいの一室だった「一九さんの部屋」

「梅若菜丸子の宿のとろろ汁」。松尾芭蕉が詠み、歌川広重、十返舎一九が描いた丸子宿の名物「とろろ汁」。江戸時代のいわば、旅のグルメスポットだったわけだが、「丁子屋」の創業はそれより古い安土桃山時代後期の慶長元年。茶店としてのスタートで、丸子の地に自然薯が自生していたことから、とろろを振る舞うようになったのではという。昔は農家の片手間でやっていたようで、

「とろろ飯　丸子」1440円。
ご飯は米7、押し麦3の割合

しょうゆかワサビ塩で食べる「揚げとろ」900円

意外にも、とろろ汁一本で商売するようになったのは昭和45年頃から。12代目・柴山信夫さんが広重の描いたかやぶき屋根の店を再現したいと奔走し、安土桃山時代に建てられた農家の納屋を移築。ここから丁子屋の新しい時代は始まった。

とろろ汁の作り方に関する記録はどこにも残されておらず、代々受け継がれ今がある。自然薯をおろし、すり鉢で丁寧にあたり、生しょうゆ、卵を入れ、隠し味にマグロを煮たたれを入れる。「昔はマグロを食べる文化はなかったでしょうから、この作り方はいつからなのか…」と話すのは13代目の馨さん。かつおだしと自家製白みそで作ったみそ汁を少しずつ合わせ完成する。「ジャバジャバではご飯にかけた時沈んでしまうし、ボテボテでも喉ごしが悪い」。絶妙なかたさに合わせるのが伝承の技だ。

2018年2月、屋根の修復が始まる。旧東海道のシンボル、丁子屋のかやぶきを未来へつなげたいとの思いをクラウドファンディングに託し、賛同者からの出資金を得て実現した。これを仕掛けた14代目の広行さんは話す。「『振り返れば未来が見える』。12代目の祖父が残した言葉です。過去を振り返れば、次の時代に残したいものが見えてくるってことなんですよね」。

5

6

7

5.とろろに卵と牛乳を入れて焼いた「焼きとろ」760円　**6.**昭和10年頃の丁子屋　※店より提供　**7.**13代目・柴山馨さん（右）と14代目・広行さん（左）

丁子屋　ちょうじや

創業 1596年（慶長元年）
住 静岡市駿河区丸子7-10-10　☎054-258-1066
営 11:00〜19:00LO
休 木曜（祝日営業、前日休み）、最終水曜
席 テーブル6席、座敷250席、個4室（〜15人）

【沼津市】

明治創業の肉屋の「特撰すき焼き」

古安

1.すき焼きとしゃぶしゃぶが楽しめる3階。2階ではステーキを提供　**2.**落ち着いた和室のほか、テーブル席の洋室もある

古安　ふるやす

創業 1868年（明治元年）
住 沼津市本町40 ☎055-962-0698
営 17:00～21:00 ※土・日曜、祝日11:00～21:00
精肉店 8:00～18:30、2Fレストラン11:00～14:30、17:00～21:00
休 火曜
席 3階個5室（2～28人）

大正初期の店舗。「すき焼」の看板が見える ※店より提供

肉を食べることがまだ珍しかった明治元年。氷問屋や芝居小屋など幅広く商いをしていた初代・古屋安五郎さんが、役目を終えた荷役牛を食用として販売したのが精肉店「古安」の始まり。上質な肉が手に入るようになると、すき焼きを提供するようになったが、沼津の大火、空襲など3度の火災によって全てをなくした。昭和36年、ようやく3代目が店を再建し、今の古安の基盤を築いた。

5代目・飯田邦彦さんが腕を振るう今も、看板料理は「すき焼き」。美しい彫刻が施された鉄鍋は半世紀以上使い込んだ年代物だ。まずは鍋に牛脂をなじませ、その上に大きな一枚肉を広げると、ジューッと心地よい音が耳を打つ。ここで登場するのが代々作り足している自慢の割り下。程よく赤みを残した肉にサッとかければ、食欲をそそる香りが立ち込める。しょうゆ、砂糖、酒で調味した割り下の味の決め手は和牛のすじ肉でとっただしだ。

松阪牛や黒毛和牛などの銘柄牛はもちろん、肉質のやわらかいメス牛しか使わないのも歴代店主のこだわり。割り下と一体となった上質な脂身からは、噛むほどに甘みがあふれ出す。「小さい頃、祖父母に連れてきてもらったこの味が忘れられなくて」。そんな言葉がなによりうれしいと5代目。記憶に残る味とは、こういうものなのだろう。

先々代から使っている鉄鍋

「特撰すき焼き」5700円（写真）は黒毛和牛、「特撰銘柄牛すき焼き」7200円は松阪牛を使用

【島田市】

「やぶは絶えても、やぶやは絶やすな」

やぶや

1.近隣の漁師がどじょうを獲る時に使っていた筌（うけ）と魚籠（びく）
2.「仕入れと仕込みが仕事の8割」と下ごしらえに余念がない15代目の新間一弘さん

やぶや やぶや

創業 1650年頃（慶安3年頃）
住 島田市栄町3-2 ☎0547-36-5115
営 17:00〜22:30
休 日曜、祝日
席 カウンター15席、座敷20席

東海道・島田宿の旅籠から始まったと伝わる「やぶや」。竹やぶが近くにあったことからこの名前が付き、大名や公家も泊まった脇本陣だったようだ。明治に入って東海道線が開通すると、宿場町はその機能を失い、やぶやも旅籠から小料理屋に商売替え。「時代にあった商売をしてのれんをつないできたということでしょう」と、15代目の新間一弘さん。「やぶは絶えても、やぶやは絶やすな」の家訓が、代々の子孫にしっかり受け継がれてきた証しだ。

名物のどじょう料理は、一弘さんの父に当たる14代目の義郎さんが、静岡の修業先のうなぎ屋で習得したもの。昭和40年頃は店の近くの小川や沼にもどじょうがいて、漁師から直接買い求めた。独特の臭みを抑えるため、開きにしてから調理することが多かったが、現在は大分県からどじょうを仕入れている。品質が良く、骨がやわらかくて身がふっくらしている上に臭みも全くないため、丸のままを使う柳川鍋がお薦めという。

「修業時代は老舗を継ぐ重みを感じていましたが、店に戻ったら常連さんが温かく迎えてくれた。そんなお客さんがうちの自慢であり、宝です」と話す一弘さん。100人を超す地元常連客がいるそうだ。

建て替え前の昭和の店舗。店名が逆さになっているのは、14代の義郎さんの遊び心
※店より提供

どじょう料理の定番
「丸柳川鍋」850円

カウンターには修業
先の京都で覚えた
おばんざいが並ぶ

和食

【島田市】

古民家で季節を愛でる会席料理を

魚一

1.玄関近くの水屋箪笥の間　**2.**ランチタイムの「松花堂」2160円 ※別途サービス料10%　**3.**昭和10年頃に店前で撮影 ※店より提供

日本料理 魚一　うおいち

創業 1868年（明治元年）
住 島田市道悦5-1-18　☎0547-37-3263
営 11:30〜14:00、17:30〜21:00 ※完全予約制
休 不定休
席 個5室（3〜60人）※椅子席、座敷席、掘りごたつ席あり

JR六合駅から徒歩3分。旧東海道沿いの趣ある木造家屋に「魚一」ののれんが掛かる。「5代前の先祖・塚本三右衛門が、山裾にあった江戸時代中期の古民家を移築し、ここで商売を始めたと聞いています」と話すのは、6代目の一成さん。2代目の高祖父・藤作さんは自ら港で魚を仕入れて魚屋を営み、静岡の「求友亭」で修業した3代目・曽祖父の一（いち）さんが料理屋を開いた。店名「魚一」は一さんの名前から取ったものだ。

4、5代目の祖父・禧太郎さん、父の俊之さんも「求友亭」で料理を学び、婚礼披露宴、法事、村の青年団の宴会などで腕を振るった。仕出しは依頼先の勝手場を数日前から借り、材料や器を持ち込んで準備をしたそうだ。昭和50年頃までは旅館も兼ねており、一般客のほか山梨県から新茶を買い付けに来る茶商、大手製造工場の点検に回る整備士など長期逗留するひいき客もいた。

代々商いを続けてこられた秘訣を尋ねると、「時代に合わせて柔軟にやってきたのがよかったのでは」と俊之さんは言う。「島田には老舗の料亭も昔の面影を残す店も少ない。古民家の風情と季節を盛り込んだ料理を楽しんでいただけたら」とは、大阪の料亭で研鑽を積んだ一成さん。滋賀県の月心寺で村瀬明道尼から伝授された「胡麻豆腐」が、新たな名物料理になっている。

月心寺直伝の「胡麻豆腐」。料理にプラス540円（6人以上で予約可）

【浜松市中区】

愛されて100余年「親子丼」と「鳥味噌鍋」

鳥徳

1

2

1. 風格漂うヒノキの一枚板のカウンター
2.「鳥ささ身のわさびあえ」1296円

鳥料理・博多水炊き 鳥徳《とりとく》

創業 1913年（大正2年）
住 浜松市中区千歳町56 ☎053-453-2203
営 11:30〜14:00（水・木・金曜のみ）、17:00〜22:30
休 日曜、祝日
席 カウンター10席、座敷4席、テーブル24席（2階）

公式には大正2年の創業としているが、それ以前から飲食店を営んでいたらしいと話すのは3代目・丸忠昭さん。初代は養鶏も行っていたほど食材への探求心が強く、その思いは受け継がれ、現在は穀物だけで育った、脂肪分の少ないブランド鶏「鶏一番」を使う。

創業時からの人気料理「親子丼」は今も健在で、絶妙な火入れでやわらかく煮た鶏肉と、ふんわり卵が融合したちょっと甘めのやさしい味わい。「鳥味噌鍋」もファンが多く、もも肉や砂肝、レバーをネギや糸こんにゃく、焼き豆腐と共に、秘伝の赤みそだれで煮込み、生卵ですき焼きのように食べるのが鳥徳流。おろしたての伊豆天城産のワサビが香る「鳥ささ身のわさびあえ」も初代から伝わる一品だ。

「鳥徳の味が代々受け継がれたのと同じように、常連のお客さまも親から子へ、子から孫へとつながり、足を運んでくださっています。私はお客さまによって料理人として、また3代目として育てられました」。そう話す忠昭さんのかたわらには4代目の幸弘さんが、今まさに技と味をつなぐべく励んでいる。ランチに登場する幸弘さん考案のアレンジ親子丼「鳥西京焼き漬卵黄丼」や「トマトあんかけ親子丼」も好評だ。何十年後か、今度は5代目がこの親子丼を引き継ぎ、名物料理になっているかもしれない。

3

5

4

3.ランチでも人気の「親子丼」864円　**4.**創業時からの伝統の味「鳥味噌鍋」2700円、秘伝の甘辛だれをまとった「ねぎま」648円　**5.**3代目の忠昭さん(手前)と、4代目の幸弘さん(奥)

【浜松市西区】

浜名湖畔で味わう名物「活天丼」

魚あら

1.目の前の漁港から仕入れる魚が自慢。シラスは4～10月、春から秋はカツオ、冬は浜名湖産のカキも味わえる
2.いけすからクルマエビを取り出す4代目の山田哲也さん

活魚料理 魚あら うおあら

創業 1912年(大正元年)
住 浜松市西区舞阪町舞阪2119-12 ☎053-592-0041
営 11:00～14:00、16:30～20:00
休 月曜(祝日営業)、月1回連休あり
席 テーブル26席、座敷24席、大広間(座敷)60席、個1室(～8席・イス)

「かんぱちのあら煮」時価。
テイクアウトも可能

店に入ると、弁天島名物の赤大鳥居と、舞阪漁港ののんびりとした光景が目の前に広がる。ずらりと並ぶ漁船、その後ろには浜名バイパス。この大パノラマも、ここを訪れる楽しみの一つだ。

創業は大正元年。漁師をしていた初代・山田荒次郎さんが、魚を行商で売り始めた。「手漕ぎの船で漁場までたどり着いても、天候が悪ければ何も獲れない。何かほかの商売を始めなきゃと、大漁だったサンマを売りに出たのが最初だそうです」と教えてくれたのは、初代の孫にあたる3代目の早智子さんだ。

その後、弁天島が観光地としてにぎわうようになると、東西の板前に料理を学び、自宅の座敷で料理を振る舞うようになった。戦時中は、手釣りで魚を獲り、物々交換で米を手に入れ、厳しい時代を乗り越えたそうだ。昭和38年に長男の嫁の君子さんが店を継ぎ、女手ひとつで5人の子どもを養いながら店を盛り立てた。

4代目の親方・哲也さんが店を切り盛りする現在の看板メニューは、ごま油の風味が香ばしい「活天丼」。注文後に専用いけすからクルマエビを水揚げし、調理する。戦後のシラスが豊漁だった頃、忙しい煮干し屋から天丼の注文が入り、いつのまにか定着したロングセラーだ。5月～秋口には浜名湖の天然モノが食べられる。

ボリューム満点の
「活天丼」2160円

【浜松市西区】

中華そばとカツ丼が郷愁を誘う昭和食堂

晴美

1.年季の入ったテーブルは、50年以上前から使用しているもの　**2.**「中華そば」540円。滋味深いスープとちぢれ麺の懐かしい味

食事処 晴美　はるみ

創業 1949年（昭和24年）
住 浜松市西区舞阪町舞阪2074-1　☎053-592-0408
営 11:00～14:00、16:30～20:00
休 火曜、第3水曜
席 カウンター4席、テーブル10席、座敷10席、個3室（～68人）

旧東海道の松並木から、車で数分。舞阪宿脇本陣近くに建つ、昔ながらの食事処。終戦直後の昭和24年に、現店主・3代目の稲垣眞二さんの祖母・夏代さんが、お姉さんと共に開いた。「物資不足の時代でもお米と砂糖と油は欠かしたことがないっていうぐらい、はばしい（やり手の）人でね。当時は外食や出前なんかぜいたくという時代だから、開店から一週間はお客さんゼロ。最初に来てくれた人の顔は忘れられないと、言ってましたね」。その後、舞阪漁港の漁師たちが常連に。彼らのお腹を満たす「甘辛こってり」のボリューム料理を提供するようになっていった。

今も定番人気の「中華そば」は、初代と2代目の千恵子さんが、いろいろな店を食べ歩き、客のリクエストに応えながら作り上げた一杯。トンコツ・鶏ガラ・煮干し・根菜などの旨みが凝縮されたしょうゆスープは「いつ食べても飽きない味」と、若い世代にも好評だ。国産豚と新潟産コシヒカリが自慢の「カツ丼」や「とんかつ定食」も、評判のいい定番メニュー。冬場（11～3月）には、浜名湖産のカキを使った「カキフライ定食」「カキ丼」も登場する。生産者から直に仕入れているから、鮮度は抜群。これを目当てに県外から訪れる客も多い。

人気ナンバー1の「カツ丼」860円。開店当時よりずいぶん薄味にはなったが、やはり甘辛こってり味が特徴

【沼津市】うなぎと釜飯と守り抜く初代の味

とりう

1

2

とりう

創業 1927年(昭和2年)
住 沼津市大手町5-2-5 ☎055-951-6139
営 11:00〜21:00
休 木曜(祝日営業)
席 テーブル16席、座敷20席

駅前にのれんを掲げ90年。その始まりは、昭和2年に初代・野際宇三郎さんが浮島の霞網で獲れた野鳥を仕入れ開業した鳥焼き屋。自分の名前から1字を取って「鳥宇」と名付けた。昭和10年に後を継いだ2代目がうなぎと釜飯をメニューに加え、その後、東京日本橋のうなぎ専門店「近三（きんさん）」で修業を積んだ3代目によって、店の三大柱、うなぎ、釜飯、鳥料理が確立。子どもにも親しみやすいように屋号も「とりう」と変えた。

現在は4代目・木村尊（たかし）さんがこの3本柱をしっかり受け継ぎ、今でも釜飯は生米から一釜ずつ炊き上げている。「味と製法は守りながら、新たなカタチにチャレンジし、進化する老舗でありたい」と、メニュー開発にも積極的に取り組む。新たに生まれた、沼津ブランド認定の緑葉あじ彩丼や華味弁当も好評だ。

3

4

1.「かき釜飯定食」1641円。10月〜翌3月頃までの冬季限定メニュー **2.**2代目の頃の店。中央は初代の女将 ※店より提供 **3.**4代目・木村尊さん **4.**店は平成8年に改装

【静岡市葵区】

薄くしょうゆで色付けされたさくらご飯の上に、ふんわり仕上げた炒り卵と、シイタケ・タケノコ・鶏肉・かまぼこを甘辛く炊いた煮物。ふたを開けた瞬間に現れる光景に心が躍るのはこの美しいコントラストのせいだろうか。卵でとじた親子丼とはまるで違う、静岡スタイルの親子丼こそ「中村屋」の看板料理だ。

創業は江戸後期、この地に店を構えて70年は経つという。「ここに来る前から料理屋はやっていたようだけれど、この場所に来てからはずっと親子丼一筋」と話すのは現店主の倉田さん。食材は昔も今も、長い付き合いのある地元の店から仕入れ、どんぶりは先々代が特注したものを使い続けている。折詰の包装紙のデザインも昔のままだ。テーブルも椅子もどこか懐かしい、昭和の雰囲気を漂わせる空間が心地いい。

今もこの先も変わらない2色の親子丼

中村屋

親子丼専門店 中村屋 なかむらや

創業 江戸時代後期
住 静岡市葵区常磐町2-12-2 ☎054-252-5517
営 11:00〜14:00LO、17:00〜19:00LO
休 火曜
席 テーブル20席、座敷8席

1.「親子丼折詰」並折900円 **2.**今も変わらず使う土産用の包装紙。白い模様は卵の殻をイメージ **3.**「親子丼(上)」980円

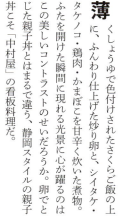

【静岡市葵区】

戦後復興の活力となった天ぷら定食

むらこし食堂

1

2

むらこし食堂 むらこししょくどう

創業 1946年（昭和21年）
住 静岡市葵区安西5-6 ☎054-255-8004
営 9:00～14:00LO、16:30～19:00LO
休 日曜、水曜夜
席 テーブル23席、座敷12席、個1室（～23人）

創業は焼け野原が広がる終戦直後の昭和21年。長沼にあったGHQの駐屯地で働いていた友人のつてでラードを安く仕入れることができた初代・村越新太郎さんが、天ぷらを主とする食堂を開業した。当時、店の前の安西通りは、安倍奥から材木を運ぶトラックでにぎわい、多くの運転手が昼飯を食べに来たという。

現在、厨房を切り盛りするのは、2代目の太郎さんと、3代目の英雄さん。店の壁にはとんかつ、煮魚など和食を中心とした料理名が記された短冊がずらりと貼られ、「献立の総数はよく分からない」と女将は笑う。人気は、創業から続く天ぷらと、熟成つるし豚の焼き肉、刺身で、食材はすべてその日に使い切るのが信条。材料選びには自負があり、みそ汁一つをとっても、大阪から仕入れるまぐろ節でだしを取り、愛媛県のみそを使うというこだわりぶりだ。

3

4

1. エビ、アジ、季節の野菜を揚げた「天ぷら定食」980円は一番人気
2. 座敷席はファミリーの利用が多い
3. 甘辛のたれで仕上げた「焼肉定食」900円　**4.** 2代目の村越太郎さん（左）と、3代目の英雄さん（右）

【藤枝市】

精肉店直営レストランの「すきやき」と「かつ丼」

大正亭

1

旧東海道の商店街沿い、表は精肉店、裏に回るとレストランが見えてくる。創業明治36年、精肉店直営の店として地域の人々に愛されてきた。建物は２０１４年に、庭を眺めながら食事が楽しめる、広々とした空間に生まれ変わったが、自慢の精肉をおいしく食べさせる技は健在だ。

看板料理は「すきやき」と「しゃぶしゃぶ」。九州産のＡ５ランクの黒毛和牛を一頭買いしているため、質と鮮度の高い肉がリーズナブルに味わえる。すきやきは、鉄鍋に牛脂を溶かし肉や野菜を加え、割り下で仕上げていく関東風。だしを一切入れない、ほんのり甘い秘伝の割り下が、牛肉のおいしさを引き出す。

揚げたてのとんかつをご飯にのせ、自家製の丼だれで煮込んだ半熟卵をかけて作る、サクサクとろとろの「かつ丼(上)」も古くから親しまれている。

大正亭 たいしょうてい

創業 1903年(明治36年)
住 藤枝市本町2-5-11 ☎054-641-0316
営 11:00～15:00(14:00LO)
17:00～21:00(20:00LO)
休 水曜
席 カウンター3席、テーブル16席
座敷28席、個2室(5～25人)

2

3

1. お重に入った「かつ丼(上)」1000円 **2.** 昭和4年頃の様子。ハイカラな店として地元に根付いていた様子がうかがえる ※店より提供 **3.**「すきやき」(1人前)3500円

【菊川市】

祝い事から仏事まで地元と共に歴史を刻む

たかだや

1

2

御料理 たかだや

創業 1917年頃（大正6年頃）
住 菊川市堀之内1638 ☎0537-35-2167
営 11:00〜14:00（13:30LO）、17:00〜22:00（21:30LO）
休 水曜、不定休あり ※貸し切り日は休み
席 カウンター10席、掘りごたつ16席、個4室（〜75人）

JR菊川駅近くにある「たかだや」。3年前から店を切り盛りする5代目・野中良憲（よしのり）さんによると、菊川は東海道から外れていたが、明治22年の堀之内駅（現菊川駅）の開設によって急速に栄えた。商店が建ち並び、芝居や寄席が興業され、多くの人が行き交うようになった。「その頃に初代の清蔵が、賭け事をしながら日本そばを出す店を始めたのが最初のようです」と話す。その後、3代目が浜松市の料亭で技術を磨き、菊川の食事処といえば必ず名前が挙がる存在になった。慶事・仏事はもちろん、昭和の高度成長期にはラーメンやオムライスの出前もし、庶民の味が親しまれた。

現在は会席コースを提供する一方、手頃な「松花堂弁当」や「ちらし寿司天ぷらセット」なども好評。地元に愛される店として、大正時代から続くのれんを守っている。

3

4

1.会席コース中より「刺身」 **2.**古くから使用している器に美しく盛りつけたコースの「前菜」 **3.**100年ほど前の三々九度用の輪島塗。かつてはここで結婚式も挙げていたため、こうした器が残っている **4.**祝い事から仏事まで対応できる広間

【浜松市中区】

夫妻で守る名物「遠州焼き」

か祢古

終戦後の昭和24年頃、駄菓子屋「か祢古」を開業。近隣にすしや餃子、うどんなどの店が建ち並んでいたことから、初代・金子進さんが何か違うものをと、後に「遠州焼き」と呼ばれるたくわん入りのお好み焼きを始めた。

2代目の秀克さんと映子さん夫妻が焼く現在の遠州焼きには、刻んだ三方原産のたくわんのほか、卵、ネギ、紅ショウガ、天かす、切りイカ、こんにゃくなどが入る。湖西産のもち豚と薄焼き卵、キュウリを食パンで挟む「ホットサンド」、ストレートの細麺を使った「焼きそば」も創業当時から変わらない看板メニューだ。

鉄板を巧みに使う秀克さんとそれを手伝う映子さんの連携プレーは、どこか微笑ましく、その味はやさしさと懐かしさに満ちている。「か祢古」の隠し味は、ここに潜んでいるのかもしれない。

か祢古 かねこ

創業 1949年頃(昭和24年頃)
住 浜松市中区鴨江1-30-21 ☎053-452-8728
営 11:30～20:30
休 不定休
席 テーブル9席

1.2代目の金子秀克さん、映子さん夫妻 **2.**「焼きそば(肉・イカ入り)」700円。仕上げに味付けのりを添える **3.**「遠州焼き」500円。この後おかかをかけて完成 **4.**「ホットサンド」700円

蕎麦

【静岡市葵区】

150年前のそばつゆを再現

安田屋本店

1

2

1.店の裏の蔵に残されていた出前用のかご　2.ストーブもエアコンもない時代に活躍していた客用の箱火鉢　3.昭和7年頃、店の前(現・北街道)には横内川が流れていた　4.大正6年に撮られた写真。当時としては珍しい自転車が写る　※3、4は店より提供

3

4

「時代を駆け抜けた寵児達。

徳川慶喜さん、勝海舟さん、山岡鉄舟さん、高橋泥舟さんご愛用の店」。店に入るとまずこのポスターが目に入る。それもそのはず、安田屋本店の創業は慶応2年。江戸末期のまさに寵児たちが生きた激動の時代だ。当時江戸から多くの旧幕臣やその家族が静岡に移住したことから、山岡鉄舟や勝海舟らは牧之原台地のお茶の開墾を計画。その会合の後によ

5代目の安田裕さん

「海老芋セイロ」1200円。
エビイモは少し焦げ目をつけて香ばしく揚げている

く、この店を訪れたそうだ。
150余年たった現在は5代目の安田裕さんが腕を振るう。看板メニューは、北海道・江丹別産のそば粉で打つ二八の「きりしたそば」と、大正時代の中頃からの付き合いだという信州・柏原の契約農家から届くそばで打つ「十割そば」だ。

代々続く味を守りながら新しいことにもチャレンジする裕さんは、マグロをのせたそばずしや、そばをサラダ仕立てにするなど新メニューを開発。そして昨年は、先代からの言い伝えと、そばの文献を頼りに、150年前のそばつゆ「駿府江戸蕎麦つゆ」を再現した。これは大豆を発酵させた、しょうゆやみそを作る前の生醤油（きじょうゆ）「ひしお」と、カツオやサバのだしで作るもので、大豆の香りが立つ力強い味わいが特徴。2017年の夏には清水区産の折戸ナスを添えた「折戸なすセイロ」として、秋は磐田産のエビイモを添えた「海老芋セイロ」で提供。150年前のつゆと、代々受け継がれてきた秘伝のつゆの食べ比べを楽しんでもらおうと、2つのつゆが登場する。

5.「駿府江戸蕎麦つゆ」はひしおを丁寧にあたり、少しずつだしを入れて作る　**6.**十割の「せいろ」900円

老舗蕎麦庵 安田屋本店　やすだやほんてん

創業 1866年（慶応2年）
住 静岡市葵区横内町53-1　☎054-245-0981
営 11:00〜20:30
休 木曜（祝日営業、翌日休み）
席 テーブル30席、座敷10席、個2室（〜24人）

【浜松市北区】

今も変わらない乃木大将が食した一杯

乃木そば神谷

1.乃木そば用の麺は太いのが特徴　2.そば屋の傍ら、土産物も扱う　3.昭和30年代の門前通り ※店より提供　4.「みそおでん」(1本100円)も代々続く味

乃木そば神谷　のぎそばかみや

創業 1883年(明治16年)
住 浜松市北区引佐町奥山1576-3-1　☎053-543-0054
営 11:00～そばがなくなり次第終了
休 水曜(祝日営業)
席 テーブル22席、座敷12席

明治43年11月、二人の部下を連れた乃木希典大将がこの店を訪れている。戦争で命を落とした息子や部下の霊を弔うために奥山の方広寺に参った折、ここでそばを食べた。当時のそばは18銭だったが、つり銭がなかったこともあり、おいしかったからと1円札を置いて帰ったという。その後この話を聞いた足利紫山（しざん）老師から「乃木そば」と命名し、これからも続けていくようにとの命を受け、「乃木そば」は誕生した。

その言葉通り、乃木大将の食べたそばは、代々忠実に受け継がれ今も昔のままの姿で提供されている。5㎜ほどの太めの麺は一本一本が短く、噛み応えもあり、まさに田舎そばそのもの。つゆはかつおだしとしょうゆのみで、そばの上にはおかかとネギとのりがのる。シンプルそのものなのだが、これが実に味わい深い。

元は旅籠だったというこの店の創業は明治16年。その頃からそばは出していたようで、現在は5代目・金原民子さんがご主人の繁男さんと共に店を切り盛りする。大正時代から続く名物、自家製の赤みそだれをかけて食べる「みそおでん」のほか、細い麺で作る刻み油揚げをのせた「かけ」や「とろろ」「山菜」といったメニューもある。20年ほど前からは、なでると幸運が訪れると噂の置物「カエル様」も人気だ。

乃木そば 500円。箸休めに金山寺みそとキクラゲの佃煮が付く

店は方広寺の参道入り口のすぐそばに建つ

【熱海市】

父から娘に受け継がれた名物「穴子天ざる」

木むら

1

2

伊豆山そば処 木むら きむら

創業 1935年（昭和10年）
住 熱海市伊豆山579 ☎0557-80-2314
営 11:30〜15:00、17:00〜20:00
休 水曜、不定休あり
席 テーブル8席、座敷8席

18歳で、先代の父の店を手伝い始めた3代目・小林和海（ともみ）さん。初代の祖父がそば屋を開いたのは昭和10年のことで、父・伊豆夫さんも15歳の時から手伝いに入ったという。以来60年に渡りのれんを守ってきた父が10年前に倒れ、和海さんは店を続けるか閉めるか、継ぐことの重圧に押しつぶされそうになった。そんな葛藤の中で常連客から掛けられた「味は落ちてもいい。続けて欲しい」の言葉に一念発起。34歳にして、店を継ぐ決意をした。

コシのある麺を打てるようになるまで3年、つゆを作るのに1年。常に舌で味を再現するため、つゆを作る前の半日は水しか口にしない。青森産と北海道産の2種類をブレンドする、コシのあるそばも、だしも調味料も、すべて父の通りに。気が付けば和海さんもこの道26年。父譲りの気さくな人柄から新しい常連客も増えている。

3

4

1.先代がメニューに加えた「穴子天ざる」1600円。築地から仕入れる国産アナゴを使用　**2.**昭和25〜30年頃の厨房。熱源が灯油からガスに変わった以外、今も厨房の様子は変わらない ※店より提供　**3.**3代目・小林和海さん　**4.**相模湾を望む座敷席

【富士宮市】

受け継がれながらも進化し続ける味

志ほ川 本店

富士山本宮浅間大社から徒歩3分。富士山の雪解け水で打つ香り高いそばを目当てに、宇野重吉や中村梅之助など、多くの著名人が通った「志ほ川」がある。大正12年に、初代・塩川賢継（けんじ）さんが横浜市磯子でうどん作りを修業し「塩川製麺所」という名で開業。そばを始めたのは後の2代目が幼少の頃から。現在は3代目・達明さんが後を継ぎ、会席料理や宴席料理も提供する。

そば粉は北海道産や岩手産など、コシと香りを大切にその時期ごとに最適な素材を厳選使用。つゆはかつお節と宗田がつお節をベースに、創業以来継ぎ足し守り続けるかえしを使う。とろろやかき揚げ、岩のり、イクラなどさまざまな味が楽しめる「重ね蕎麦」には松本清張が名付けたという話も残る。

志ほ川 本店 しほかわ ほんてん

創業 1923年（大正12年）
住 富士宮市西町5-5 ☎0544-27-3363
営 11:00～14:30、17:00～20:30
休 水曜
席 テーブル21席、掘りごたつ14席、個3室（～65人）

1.落ち着いた雰囲気の店内　2.元祖重ね蕎麦「味くらべ」1780円。ミニ丼は天丼、鉄火丼、かつ丼から選べる　3.塩川製麺所時代のメンバー ※店より提供

洋食

【熱海市】

文豪が愛した伝説のビーフシチュー

スコット

1.志賀直哉と初代が歓談していた様子がよく分かる　2.旧館でくつろぐ志賀直哉　3.スコットで行われた新年会の寄せ書き。著名人が名を連ねる　4.志賀直哉はよくスコットで会食取材を受けていた　※1～4は店より提供。昭和20年代頃に撮影されたもの

「熱海の洋食店といえば…」。多くの人がこの問いに「スコット」の名を挙げるだろう。昭和21年、まだ満足に物のない時代にインドネシアから帰国した初代・蓮見健吉さんが熱海の地に根を下ろした。東京やインドネシアのホテルで得た技術を生かし、洋食店を開いたのが始まりだ。当時、熱海の代表的な旅館であった寿旅館から名を取り「寿」という店名で営業を始めたが、後に

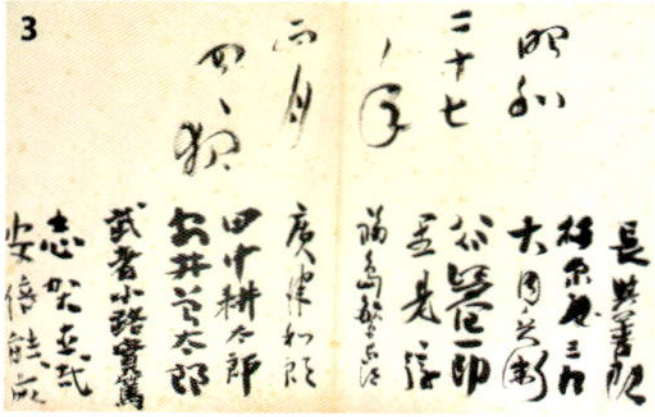

「ビーフシチュー」3348円

2代目の蓮見健一郎さん。
現在は3代目の健介さんと
共に腕を振るう

「幸楽」に変更。その頃よく来店していたアラビア石油社長の山下太郎の提案で、ロンドンにある名レストラン「スコット」からその名を取り、改名した。

先代が手がけた洋食は、熱海に住む文豪やよく訪れる作家たちに愛された。とりわけ志賀直哉は食事を楽しむだけでなく、散歩中にも立ち寄り、コーヒーを飲みながら先代とよく話していたという。谷崎潤一郎はあまり外出を好まなかったのか、来店の機会は多くはなかったが、スコットの味を気に入り、出張を頼んだという話が残る。

「名高い文豪たちに『スコットはおいしい』とかわいがっていただいたおかげで、今のスコットがあるんだと思います」。そう話すのは先代の息子で2代目の健一郎さん。文豪たちの一番のお気に入りは「ビーフシチュー」で、その要となるのが大量の野菜を煮込み、約1週間かけて作る秘伝のデミグラスソース。この味を引き継ぐべく健一郎さんは20代から先代の元で研さんを積み、伝統の調理法を守りながら改良を重ね、今もその味に磨きをかけている。

5

6

7

5.代々受け継がれているデミグラスソース　**6.**現在は本店（新館）での営業が主体。近くに旧館もある　**7.**クラシカルな店内には年月を重ねて生まれた居心地の良さがある

RESTAURANTスコット

創業 1946年（昭和21年）
住 熱海市渚町10-13　☎0557-81-9493
営 12:00〜14:00、17:00〜19:30
休 木曜（祝日営業）
席 テーブル37席

【浜松市中区】

ベースは先代から続くドミグラスソース

キッチントム

1.「マキ海老フライ」1680円　2.2代目・岡田望さん

キッチントム

創業 1953年（昭和28年）
住 浜松市中区千歳町57　☎053-452-0886
営 11:30〜14:00、17:00〜21:00
休 火曜
席 カウンター12席（1・2階）、テーブル8席（2階）

終戦から8年後、静岡県の役人だった岡田友三郎さんが洋食屋を開店。当時は敷居の高かった洋食を、もっと気軽に楽しんでほしいと一人でも入りやすいカウンター席を設けたところ、「軽洋食」の店として瞬く間に評判になったという。現在は2代目の岡田望さんが奥さんと共に切り盛りしている。

メニューは、ほとんどが創業当時からのもので、中でも「ハンバーグ」や「ビーフシチュー」「タンシチュー」は、昔ながらの味が楽しめると評判だ。味のベースとなる「ドミグラスソース」は、タマネギ、セロリ、ニンジン、牛肉、牛タンを煮込んだスープと、牛脂、小麦粉で作る。浜松を訪れた指揮者や海外のバイクレーサーたち著名人も、この味を求めて来店したほどだ。

細かな肉質と香りの良さが特徴の「静岡そだち」はハンバーグで、春と夏に浜名湖で獲れるマキエビはフライで、浜名湖産カキのフライは冬季限定で提供。地元食材を積極的に使うのも2代目の流儀だ。

「店を広げることもなく、支店も出さず、自分たちの見える範囲で仕事をしてきたのが良かったのかもしれない」と望さんは話す。フライパンやナイフ・フォークのイラストが描かれた気取りのないのれんや、昭和の面影を残す落ち着いた店内も味わい深い。昔も今も変わらない気軽に立ち寄れる雰囲気が、多くの人を魅了するのだろう。

「蟹コロッケ×タンシチュー」
2550円

2階にはカウンター席と
テーブル席がある

【熱海市】

姉弟でつなぐ懐かしの看板カレー

宝亭

カレーレストラン 宝亭 たからてい

創業 1947年（昭和22年）
住 熱海市銀座町5-10 ☎0557-82-3111
営 11:00～15:00、17:00～19:30LO
休 木曜、月1回不定休あり
席 テーブル41席

昭和22年、熱海のメインストリート・銀座通り近くにオープン。当時としてはまだ珍しいハイカラな洋食を求め、多くの人が押し寄せ大盛況。開店当時は12～13人の従業員が住み込みで働いていたという。現在はそんな時代を見て育った姉弟（長女・長男・次女）3人が店を切り盛りする。

メニューには、ビーフシチュー、ハンバーグ、カツレツ、エビフライなど、これぞ洋食！ という料理名が並ぶが、なんといっても名物は「カレー」。独自ブレンドのスパイスと、地元産の豚肉や野菜で作るカレーは、まさに昭和の味で、初めて食べてもどこか懐かしい。「実はね、シェフ直伝のレシピを守りつつ、それぞれの時代に合わせて調理法や味を少しずつ変化させているんですよ」とのこと。なるほど、これぞ老舗たるゆえん。長く愛される理由なのかもしれない。

1. 人気の「カツカレー」950円。カレーの具材はタマネギと豚肉のみ。甘みとコク、スパイシーな香りが広がる
2. 創業当時の店内 ※店より提供
3. エビフライ、カニクリームコロッケ、豚ロース生姜焼きがのる「B定食」（ライスまたはトースト付き）1200円

【静岡市清水区】

清水港とさつき通りを結ぶ港町商店街。初代・遠藤牛蔵さんは、静岡駅前にあった西洋料理の店「金精軒」で修業し、大正8年、ここに店を構えた。2代目の保定さんが父から引き継いだ昭和30～40年代は、清水に最も活気があった時代。会社もたくさんあり、夜は社員が宴会したり、残業をして出前を取ったりもした。

そんな頃、多忙な人のために「ボリュームがあってお腹にたまり、一つの皿でいろいろなものが食べられる」と保定さんが考えたのが、先代から受け継いだ欧風カレーにヒレカツと目玉焼きをのせたスペシャルカレーだ。3代目の眞佐明さんに代替わりしてスパイスの効いたインド風カレーも加わったが、直伝の欧風カレーは今も健在。創業当時からあるビーフシチューと共に指名の多い定番メニューだ。

清水の隆盛を知る西洋料理店
レストラン サンライス

レストラン サンライス

創業 1919年（大正8年）
住 静岡市清水区港町2-6-19　☎054-352-0810
営 11:30～13:30（13:15LO）、17:00～20:30（19:30LO）
休 月曜（祝日営業、翌日休み）
席 テーブル32席

1.昭和初期の様子。食事の後で客を日本平や三保に案内する観光ハイヤーも、タクシー会社と共同で営んでいた ※店より提供　**2.**マイルドな辛さの「スペシャルカレーA」1040円。女性向けに少量にした「スペシャルカレーB」1030円（サラダ付き）もある　**3.**3週間かけて仕込むドビソースで作る「ビーフシチュー」1470円は香ばしさが魅力

【掛川市】

2大看板メニュー ラーメンとカレーライス

キネマ食堂

1.カレーには定番のラッキョウと福神漬けが付く　2.昭和10年代頃、店内で撮影。左が2代目女将・内藤静江さん※店より提供　3.店のあちこちに古道具が置かれている

2

今や昼時ともなれば行列ができる人気店。その創業は大正15年にさかのぼる。といっても初代内藤幸（たかし）さんが始めたのは「カフェー」。当時人気を呼んでいた娯楽「シネマ」から店名を取り、コーヒーやカレー、ステーキ、オムライスなどを提供する、ハイカラな店としてにぎわった。

食堂を始めたのは2代目・匡司（まさじ）さんから。出前にも力を入れ、3代目・喜夫さん

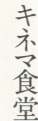

「ラーメン」430円。
今時珍しい低価格だ

初代から続く「カレー
ライス」530円

は中学生の時から手伝っていたという。現在の建物は3代目が改装したもので、古材がふんだんに使われた店内には、昔のカメラやラジオ、家具やテーブルなど、あえて古いものを集め、レトロな雰囲気を演出している。

看板メニューは「ラーメン」。初代のカフェー時代から続くロングセラーだ。見た目は、メンマとナルト、チャーシュー、のりがのった中華そばだが、スープは鶏ガラではなく、トンコツ。透き通っていて、味もあっさり。麺は2代目の時から地元の「林屋食品」の中太ちぢれ麺を使う。豚のもも肉で作る噛み応えのあるチャーシューも、そしてこのチャーシューの煮汁をラーメンのしょうゆだれに使うのも、初代から続く仕事だ。

もう一つ、外せないのが、創業時から受け継がれている「カレーライス」。具は豚バラとタマネギのみ。ラーメンのスープと、かつ丼の丼だれを隠し味に使う。甘口で、後からやさしい辛さが追いかけてくるその味は、3代目も、数年前から家業を手伝う4代目・貴博さんも、子どもの頃から慣れ親しみ、舌の記憶にしっかりと刻まれている。「特別に教えたわけじゃないよ。おやじの作る姿を見て、自分で作って、食べてみてを繰り返すうちに、自然に店の味が作れるようになるんだよ」と、3代目は話す。

4

5

6

4.2代目の頃、出前に使われていたおかもち　**5.**昭和の茶の間を思わせる雰囲気が心地いい　**6.**3代目・内藤喜夫さん（左）と、4代目・貴博さん（右）

キネマ食堂　キネマしょくどう

創業 1926年（大正15年）
住 掛川市下俣173　☎0537-22-4348
営 11:30〜13:30、18:00〜21:00（20:30LO）
休 月曜、第2・3日曜夜
席 カウンター4席、座敷12席

【熱海市】

そばの「かえし」が効いた餃子と中華そば

熱海餃子の濱よし

1

1.中華そばに餃子4個が付く「サービスセット」700円　2.初代のていさん（右から2人目）と従業員 ※店より提供

2

熱海餃子の濱よし　あたみぎょうざのはまよし

創業 1929年（昭和4年）
住 熱海市銀座町5-9　☎0557-81-0048
営 11:00〜14:30、17:00〜22:00
休 火曜（祝日営業）
席 テーブル15席、座敷10席

「濱よし」と言えば餃子。その始まりは意外にもそば屋だという。昭和4年、熱海銀座の一角で初代の柳下秀雄さん、ていさん夫妻が開業した。その後、熱海の大火で店を失うが、秀雄さん亡き後、ていさんが女手一つで再開。そんな母の姿を見て育った2代目・良雄さんが店を継いだ頃、新幹線が開通。熱海も店も一気ににぎわい、うどんや天丼、ラーメンなども提供する食堂へと進化した。

　餃子が登場するのは今から30年ほど前。東京八重洲にある中華料理店で修業した現店主・3代目の隆さんが、そばの「かえし」を使う独創的な餃子を考案した。砂糖とみりん、しょうゆを独自の配合でブレンドして作るかえしは、初代から続く店の宝。継ぎ足しを重ね、守ってきたものだ。餃子の中身は豚の赤身と脂身を合わせた挽き肉、キャベツ、ニラ、ショウガ、ネギ。羽根のパリパリ感とジューシーな肉の旨みが絶妙だ。

　現在はジャズが流れる昭和レトロな店内に。メニューは看板料理の餃子と「中華そば」のみとなった。実は、この中華そばにも秘伝のかえしが使われている。豚ガラ、鶏ガラ、香味野菜のスープに、昆布、かつお節、煮干しの和風だしを合わせた一杯は、さっぱりしているのにコクがある、懐かしい味わい。餃子も中華そばも食べたいという人には「サービスセット」がお薦めだ。

焼きたてアツアツ、ジューシーな
「餃子」(15個)1300円

【藤枝市】

温・冷の両方味わう朝ラー発祥の店

マルナカ

3代目・小栗孝昌さんと由江さんが昔ながらの味を守っている

マルナカ

創業 1919年(大正8年)
住 藤枝市志太3-1-24 ☎054-646-1516
営 8:30〜13:15頃
休 日曜、祝日、第2・4土曜、臨時休業あり
席 テーブル24席、座敷12席

ほんのり甘口の「冷やしラーメン」600円は、ワサビと紅ショウガがアクセント

藤枝生まれの食文化として定着した「朝ラーメン」発祥の店。創業は大正8年、当時の店名は「信濃軒」で、明治生まれの初代・小栗喜一さんが、そば修業を終え、焼津で中華そばの屋台を引いたのが始まりだという。中華そばの文化が徐々に全国に広がっていた頃で、静岡県内でも、まだ珍しい存在だったようだ。

旧東海道沿いの現在の場所に移ったのは、昭和10年。近くに野菜や魚、茶の市場があり、板金や畳などの職人も多かったことから中華そばを提供。たちまち評判となった。この頃、屋号のマークから「マルナカ」という呼び名が浸透し、いつのまにか店名として定着した。

朝ラーの誕生秘話を聞くと、意外にも、客の来店時間がどんどん早まり、「待たせてはいけない」と開店時間を早めていくうちに、朝になってしまったとのこと。「温かいのと、冷たいの」と両方をオーダーするのが朝ラーの定番だが、「冷やし」は、クーラーがない時代に、暑くてラーメンが食べられないという常連の声から生まれたものだという。ほんのり甘いだし香るつゆは、日本そばの経験があったからこそ生まれた味わいだ。自家製の中太ストレート麺に豚もも肉のチャーシューがのった、滋味あふれる初代直伝の「中華そば」は、初めて食べてもどこか懐かしい。

「中華そば」500円。自家製の手打ち麺には卵を使っておらず、ほんのり黄色いのはかん水の色

【浜松市浜北区】

モヤシのせスタイル発祥の餃子店

石松餃子 本店

厨房にズラリと並ぶフライパンで焼き上げる

石松餃子 本店 いしまつぎょうざ ほんてん

創業 1953年(昭和28年)
住 浜松市浜北区小松1145-1 ☎053-586-8522
営 11:00〜14:00、17:00〜20:30(20:00LO) ※土・日曜、祝日16:30〜
休 水・木曜
席 カウンター12席、テーブル48席

自家製ラー油

遊び好きで食にも通じていた初代の名切義久さん。綿布問屋の社長だったが、戦後の時流で会社が倒産し、これまでの食べ歩きの経験や知識を生かして、浜松駅周辺で屋台を始めた。これが「石松餃子」の起源だ。餃子はまだあまり普及しておらず、作り方は朝鮮の友人から学んだ。日本人の舌に合うように辛みを抑えて、豚肉とキャベツの割合を研究。豚肉よりキャベツが多い、あっさりとした味わいで甘みのある「石松餃子」を完成させた。

フライパンに餃子を丸く並べて焼き上げ皿にのせると中央のスペースが空いてしまう。そこで今度は付け合わせを検討。キャベツの千切りやおひたしなど試行錯誤の末、食感を楽しみながら口の中をさっぱりさせるモヤシに決まった。この瞬間、浜松餃子特有の「モヤシのせスタイル」が誕生した。

豚肉は静岡や愛知のものを使い、キャベツは適度な歯応えのあるものを季節に合わせて愛知、茨城、群馬などの産地から取り寄せる。初代から続く秘伝の「つなぎ」がこれらを一つにまとめる。あんを包む皮は、もちもちしていて、焼くと香ばしくパリッと仕上がる薄皮を使用。餃子に合わせて考案したオリジナルブレンドの少し甘めの酢じょうゆや、爽やかな辛みの自家製ラー油との相性は言うまでもない。現在は3代目の大隅純さんが、初代から続く味を守っている。

「餃子」(20個)1200円

【沼津市】

餃子一筋。何も変えず 初代の味を守る

中央亭

中央亭 ちゅうおうてい

創業 1947年(昭和22年)
住 沼津市大手町4-4-7 ☎055-962-4420
営 11:00〜売り切れ次第終了 ※持ち帰り(予約)の受け取りは〜18:00
休 月曜、第3火曜
席 テーブル26席

連日行列を成し、沼津市民のソウルフードとして親しまれている餃子の専門店。戦後すぐの仲見世商店街にあった闇市で、初代・古橋良也さんがもつや野菜の煮物を売っていたのが店の始まり。その後、仲見世の飲み屋街に中華屋を開店。一品料理もあり、中華そばも評判だったが、形も焼き方も独特な餃子の人気は群を抜き、現在の地へ移転した昭和35年頃には餃子一本の営業になっていたという。

キャベツと豚肉たっぷりのあんを、厚めの手作りの皮で〝握った〟大振りの餃子は、焼き目を付けた後、茹でて完成。現在は三姉妹が3代目として店を引き継いでいるが、その味も作り方も昔のまま。親から子へ、さらに孫へ、何世代にも渡り通うなじみ客はもちろん、懐かしい味を求め遠方からわざわざ訪れる客が多いというのもうなずける。

1.「中」(8個)777円。売り切れ必至のため、早めの来店を **2.**皮、タネ、成形、焼きなどの行程を三姉妹とその子どもたちで分担。家族で味を守る **3.**初代と2代目が切り盛りしていた昭和35〜36年頃の店内 ※店より提供

【静岡市清水区】

先々代から受け継いだ昔ながらの味

丸岩ラーメン

創業88年。澄んだスープに極細ちぢれ麺の「しょう油ラーメン」が名物。「『おいしかったよ』『また食べたくなる』『懐かしい味だね』と言われるのがうれしい」と、3代目の小野寺正樹さんは語る。初代の弘さんはリヤカーを引き、2代目の新太郎さんは軽トラックで清水港を中心に回り、昭和54年に現在の場所に店を構えた。

先々代から受け継いだ麺とスープをベースにした、昔ながらのラーメンの味はそのままに、時流に合わせてチャーシューの作り方やトッピングは少しずつ進化させてきた。細部までラーメンとの相性の良さを追求する姿勢も、親子3代に渡るファンを獲得してきた理由の一つだろう。「毎日の積み重ねが1カ月になり、1年になり、10年になる。大きな目標は100周年です」。歴史をつくる一杯に、日々愛情を注いでいる。

丸岩ラーメン まるいわラーメン

創業 1930年(昭和5年)
住 静岡市清水区袖師町1575-75 ☎054-364-8437
営 11:00～13:45、17:00～19:15
※土・日曜、祝日11:00～19:15、月曜が祝日の場合は11:00～13:45
休 月曜、第3火曜(祝日営業、翌日休み)
席 テーブル25席、座敷24席

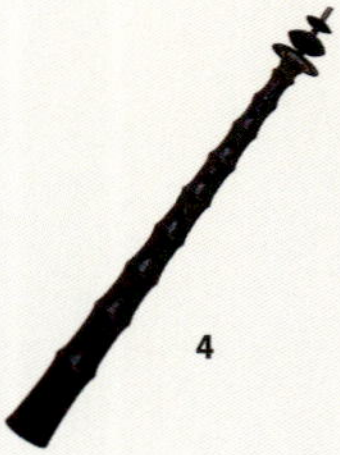

1.チャーシュー用の肉を整える3代目の小野寺正樹さん。国産豚の肩ロースを使い2日間かけて作る。奥で仕込みをするのは2代目・新太郎さん **2.**「しょう油ラーメン」700円 **3.**継ぎ足しながら50年以上使っているしょうゆだれ。手前は塩だれ **4.**初代・弘さんが使っていたチャルメラ

【静岡市葵区】

老若男女、庶民が集う昭和の居酒屋

大村バー

1.カウンター席の後ろに突如現れる池。独特の世界観が漂う　2.昭和20年代の写真。左の女性は、看板娘だった涼太さんの母・ふじさん　3.今もそのまま残るカウンター　※2、3は店より提供

夜空に輝く提灯型のネオンサインに誘われて、のれんをくぐるとそこに待っていたのは昭和の酒場。とは言え、客は男性ばかりでなく女性やファミリーも多い。これが大村バーの日常風景だ。家族でも出かけられる居酒屋は今、3代目・大村涼太さんが切り盛りする。

　創業は大正5年、リヤカーで酒を売り歩くことから始まった。戦争の時代を経て、復員

店を切り盛りする3代目・
大村涼太さん

「湯豆腐」410円（手前）と、古くからの人気メニュー「海つぼ」550円（右）、「ながらみ」518円（左）

た2代目・忠さんによってわずか7席の立ち飲み酒場として店は再開された。現在店がある3階建てのビルは昭和33年に建てられた。店の奥にあるコイの泳ぐ池は、当時住まいの庭にあったものを設計プランに加えた。2代目のユニークな発想か、平成の今、大村バーの名物の一つになっている。

2代目の頃に始めた「牛なべ」は、今も人気が高く、現在は黒毛和牛のA4〜5を使用。味の決め手はかつお節と牛のスープで、ちょっと甘めの味付けがどこか懐かしい。初代の時からあった「湯豆腐」は秋から春の限定メニュー。湯豆腐にとろみのある熱々の甘辛だれをかけたオリジナルだ。薬味は粉のり、ショウガ、ネギとおかか。涼太さんいわく「うちの湯豆腐はおいしいと思うよ」。なじみの豆腐屋が相次いで廃業し、最近豆腐を変えたばかりだが、「たれに合う豆腐」に出合え、味をつなぐことができた。

「伝統を守る必要はない。どんどん柔軟に変えていけ」。先代は常々そう言っていたという。「目的は残すことじゃなく、食っていくことだからね」と涼太さんは笑う。洋食修業の経験のある涼太さんが考案し新たに加わったメニュー、ローストビーフの製法で作る「牛のたたき」も好評だ。

4. 燗づけは大徳利を湯煎で。チロリに移しコップに注ぐ
5. 卵を絡め味わう「牛なべ」(1人前)1468円

大村バー おおむらバー

創業 1916年(大正5年)
住 静岡市葵区人宿町1-5-8 ☎054-252-2311
営 16:30〜22:00 ※日曜、祝日15:30〜21:30
休 木曜(祝日営業、翌日休み)
席 カウンター40席、座敷44席、個1室(〜10人)、大広間(〜100人)

【沼津市】

創業50年 大人のための正統派バー

Frank Bar

1

2

1.ファンの多いシングルモルトスコッチウイスキー「クライヌリッシュ14年」 2.ブランデーグラスを下から温め、香りを際立たせる道具。今ではなかなかお目にかかれない

Frank Bar フランクバー

創業 1967年（昭和42年）
住 沼津市大手町2-11-17 ☎055-951-6098
営 18:00〜翌1:00
休 日曜
席 カウンター10席、テーブル25席

和食では創業百年超えの店も珍しくないが、比較的新しいバー文化の中で、創業50年は立派な老舗。「Frank Bar」もその一つだ。日々の生活にも西洋化が進み始めた昭和40年代前半、当時ホテルに勤めていた相原勝（まさる）さんが洋酒の知識を生かしバーを開店した。

レンガ造りの建物に足を踏み入れると現れるのは重厚感漂う扉。その先には日常から非日常へと誘うような階段が続き、バーへと到着。手彫りのアサメラの一枚板で造られたカウンターの奥で、正装したバーテンダー相原さんが客を迎える。背後にはウイスキーやブランデー、ジン、ラム、テキーラなど、1100本以上の酒が並び、シングルモルトは80種類にも及ぶ。もちろんカクテルも、この道50年以上の熟練の技で極上の一杯を作ってくれる。

「お酒はもちろんですが、ここでは雰囲気と時間を楽しんでほしい。バーは会話を通じて人間関係を構築する空間なんです」とは相原さんの言葉。大人のための正統派バーは、少し敷居が高いような気もするが、最近は若い世代の来店も多いという。「洋酒に興味を持ってくれる若い人が増えたのがとてもうれしい。もっとお酒を通じて人との会話を楽しんでほしい」と笑う。カウンター席で少し背筋を伸ばしグラスを傾けながら、創業の頃の話を聞いてみるのもいい。

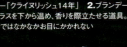

「マティーニ」1000円。
バーテンダーの相原勝さん

【静岡市葵区】

海つぼとおでんで仕事帰りに一杯

多可能

1.3代目・高野利秋さん（左）と4代目・晋さん（右）　2.昭和37年頃の様子
※店より提供

2

大衆酒場 多可能 たかの

創業 1923年（大正12年）
住 静岡市葵区紺屋町5-4 ☎054-251-0131
営 16:30～23:00
休 日曜、祝日
席 カウンター8席、テーブル8席、小上がり10席、座敷約35席

繁華街のど真ん中、建ち並ぶビル群の中に突如現れる、趣きある木造2階建て。それが大正12年創業の居酒屋「多可能」だ。のれんをくぐるとそこには、あめ色に輝く柱、今では珍しい船底天井、ぜんまい仕掛けの時計…。昭和にタイムスリップしたような懐かしい光景が広がる。床の間に飾られた額には「大衆酒場」の文字。聞けば創業時のもので、「一日の仕事を終えた人たちがくつろげる店でありたい」という初代の思いが込められている。3代目・高野利秋さんが何より大切にしている言葉だ。

店の特等席は、4代目の晋さんが腕を振るうカウンター席。壁に掛けられたメニューを記す60枚の黒札がいい味を醸し出している。まずは名物の「海つぼ」「ながらみ」「磯つぶ」から一品。酒はもちろん「萩錦」。昭和30年代から活躍している銅製の燗づけ機で温めた一合瓶だ。

喉を潤したらさて、今日は何を食べよう？ 代々の看板料理だという、だし汁の旨みが凝縮した「静岡おでん」は牛すじ、大根、黒はんぺんが人気ベスト3。春と秋の漁期には生を使う由比の「桜えび天」は観光客にも評判。少し辛めの独自ブレンドのソースで味わう「串かつ」も捨てがたい。誰もが楽しめる庶民の味で一杯。奥の座敷から聞こえる笑い声も心地いい。

3

5

4

3.料理名を記した黒札が圧巻のカウンター　**4.**「静岡おでん」（1本）108円～、「桜えび天」時価
5.32穴ある銅製の燗づけ機。特注の一合瓶のまま燗づけする

【静岡市葵区】

昭和の屋台の味と雰囲気を今に伝える

三河屋

.初代の木口仙之助さんと、妻のはるゑさん　**2.**昭和38年頃の青葉通り ※1、2は店より提供　**3.**「静岡おでん」。奥から「牛串」200円、「こんにゃく」「はんぺん」120円、「しのだ」150円　**4.**「レンコンフライ」300円。先代の頃から続く名物で、厚切りで大きいのが特徴

三河屋　みかわや

創業 1948年（昭和23年）
住 静岡市葵区常磐町1-8-7 静岡青葉横丁　☎054-253-3836
営 17:00〜22:00 ※17:00、18:45、20:20の時間指定で1か月前から予約可能
休 日曜 ※月曜不定休 ※HPで確認を
席 カウンター12席

戦後、青葉公園通りの両側にはずらりと屋台が建ち並び、昭和30年前後には約70軒もあったという。三河屋もその中の一店だったが、静岡市の条例で屋台が撤去されることになり、昭和39年に青葉横丁に移転。2代目の木口元夫さんが引き継いで約40年になる。

キッチンを囲むカウンターだけの小さな店は、屋台の雰囲気そのまま。注文したものが目の前で調理されるライブ感が魅力だ。看板メニューは、創業時から、毎日新しいだしを継ぎ足している静岡おでん。「だしは牛すじで取る。前日の汁を飲んでみて、しょうゆの量を加減する。砂糖やみりんは使わない」というのが三河屋の流儀。こんにゃくを食べると、牛肉のだしが効いているのがよく分かる。具材は一つ一つ木口さんが食べ比べて選んだものばかり。「やっぱりこだわりは必要。おいしいと喜んでいただけるものを、できるだけ安く食べてもらうのがモットー」と木口さん。

撮影がひと通り終わると、おもむろにおでんを鍋から引き上げ始めた。「具は煮えたら取り出すことで味がしみる。手間はかかるけど、基本です。入れっぱなしだとしょっぱくなっちゃう」。長く続いてきた理由がここでも見えた気がした。

2代目の木口元夫さん。手際のよい仕事ぶりについ見とれてしまう

居酒屋・バー

【静岡市清水区】

清水のソウルフード 元祖の味を守る

金の字本店

1

2

3

金の字本店 きんのじほんてん

創業 1950年(昭和25年)
住 静岡市清水区真砂町1-14 ☎054-364-1203
営 17:00〜21:00
休 日曜、祝日
席 カウンター21席、座敷14席

清水のご当地グルメとして知られる「もつカレー」発祥の店。創業当時、巴川の千歳橋のたもとで焼き鳥の屋台を営んでいた初代・杉本金重さんが、注文が入ってすぐに出せるものとして考案したのがその始まりだという。今も昔も変わらないのは、豚の生もつを流水でよく洗い、下茹でする丁寧な下ごしらえ。煮込むのは3時間がかりで、「営業時間よりも仕込みの時間の方が長いんですよ」と2代目の重義さんは笑う。現在、ルウから手作りするカレーの仕込みは3代目の要平さんに引き継がれ、他店に負けないようスープに工夫を凝らした。「時代が変わって、こちらも変わらなくてはいけない部分もありますが、初代から続くもつカレーの文化や思いは維持していきたいし、残したい」と要平さん。

開店と同時に客がなだれ込み、あっという間にカウンターが埋まる光景は相変わらずだ。

4

1.「もつカレー煮込」(1本)150円。少し苦めのスパイシーなカレーが後を引く　2.カウンターの真ん中がもつカレー鍋の定位置。そこに立つのは3代目の杉本要平さん　3.串焼きは1本150円〜。焼き台は2代目の重義さんが担当　4.駅前に店を構えた昭和37年頃の様子 ※店より提供

【浜松市中区】

持てば笑顔がこぼれる名物ももの一本焼き

割烹みその 千とせ店

70余年前、戦後の焼け跡に初代・御園井十七蔵（となぞう）さんがスタンドバーをオープン。これが市内に居酒屋、割烹、ラーメン屋など4店を持つ「みその」グループの起源。現在は3代目・克旨（かつよし）さんが代表を務める。

創業以来親しまれてきた看板料理は骨付きを1本まるごと焼いた「もも焼き」。こくと甘みが強いジューシーな「遠州美味鶏」を、タマネギやニンジン、長ネギなど野菜の旨みを凝縮させた秘伝の甘辛だれで焼き上げる。そして〆には、富山県産コシヒカリ7割、大麦3割で炊いた麦飯で食べるとろろ汁「佐古多産大和芋のとろろめし」。これも50年来のベストセラーだ。「感謝の気持ちがおいしい料理へと結び付く」。先代から受け継いだ言葉が、この先も店を支えていくのだろう。

1

2

割烹みその 千とせ店 かっぽう みその ちとせてん

創業 1946年（昭和21年）
住 浜松市中区千歳町51 ☎053-453-0290
営 17:00～23:00 ※昼は予約のみ営業
休 日曜
席 カウンター14席、テーブル38席、個9室（～12人）、宴会場（～80人）

3

1. 2018年6月、総本家は千とせ店と統合する
2. 香り豊かな「佐古多産大和芋のとろろめし」650円 **3.** 艶やかな光を放つ「もも焼き」1200円

【熱海市】文豪たちに愛された今も色あせない純喫茶

BONNET

1.マスター・増田博さん　2.鏡の額だった金縁を照明の台座の縁として使用　3.昭和37年頃の「ボンネット」が紹介されている雑誌

金縁に深紅のベルベットを張った特注の台座に掛かる、スウェーデン製のゴージャスな照明。大切に使われてきた革張りのソファ。壁に掛けられた看板料理のイラストも少しも古さを感じさせない。外国映画に登場するレストランや部屋の内装などをヒントに造ったという店内。今でこそレトロと形容されるが、都会でも人気を呼びそうな洗練されたセンスが光る。

マスター・増田博さんは東京都葛飾区の出身。戦後出入り

創業から続く「ハンバーガー」
550円。ポテト付き

東京の銀座のようだと
語る人がいるほど高
級感も感じられる

していた米軍の将校クラブで出合ったハンバーガーに衝撃を受け、「日本人向けに作れば絶対流行る！」と確信した。縁あって熱海で店を開き提供し始めると、未知の食べ物に当初はいぶかしがられたが、次第にそのおいしさが口コミで広まっていった。オーダーが入ってから焼き始めるパティはなんともいえないジューシーさで、肉の旨みがあふれ出てくる。野菜が苦手な人のためにレタスやタマネギを分けて出すのも心憎い。コーヒーは東京仕込みのサイフォン式。淹れたてのしっかり熱い一杯は、心地よい空間の中でゆっくり楽しむのにちょうどいい。

「いろんなジャンルの人に会えて、いろんな話を聞けたことが財産」と語るマスター。この言葉通り、多くの文化人や芸能人とも親交があった。三島由紀夫や谷崎潤一郎、越路吹雪などそうそうたる顔ぶれが足しげく通ったボンネットは、開業から65年経過した今も多くの人に愛され続けている。店に流れるのは古き良き時代のアメリカ音楽。決して古びた感じがしないのは、この店と同じだ。

4.カップに描かれているのはイースターの時に貴婦人がかぶる帽子・イースターボンネット。店名はこれに由来する　**5.**ショーケースは気兼ねなく過ごせる目隠しとしての役目もあった

BONNET ボンネット

創業 1952年（昭和27年）
住 熱海市銀座町8-14　☎0557-81-4960
営 10:00～15:00
休 日曜
席 カウンター3席、テーブル32席

【静岡市葵区】

江戸時代の旅人が愛した「安倍川もち」

石部屋

1.明治40年当時の「石部屋」※店より提供　2.「からみもち」600円。餅本来の甘さと弾力が堪能できる

石部屋　せきべや

創業 1804年（文化元年）
住 静岡市葵区弥勒2-5-24　☎054-252-5698
営 9:00〜16:00頃（飲食）、〜17:00（土産）※なくなり次第終了
休 木曜
席 縁台6席、座敷24席

さかのぼることおよそ200年前。安倍川のたもとには茶店が軒を並べ、多くの旅人がこの地で足を休めた。目当ては東海道の名物番付にも記された「安倍川もち」。あんやきな粉をまぶした餅が、旅の疲れを癒やしたのだろう。時は流れ、にぎわいをみせていた茶店も東海道線の開通で次々と姿を消し、今も残る茶店「石部屋」が府中宿の名物を守り続けている。

　さすがに店の佇まいは往時のままとはいかないが、土間に置かれた緋毛せんを敷いた縁台といい、畳敷の部屋に置かれたちゃぶ台といい、どれも歴史を感じさせるものばかり。味わえるのは15代目の長田満さんが手作りする、こしあん&きな粉の「安倍川もち」と、有東木産のワサビとしょうゆで食べる「からみもち」だ。毎朝つく餅はつきたての弾力を保つため湯煎にしてスタンバイ。注文を受けてから手早く餅を丸め、あんを包む。きな粉をまぶした餅には砂糖をふりかけ仕上げる。その手法は昔のまま。200年前と同じ味がここにある。

　「安倍川遊山にやって来る旦那衆にひいきにしてもらった華やかな時代もあれば、戦争で砂糖が配給制になった厳しい時代もあったと聞きます。代々の当主が守ってきた歴史を絶やすことはできないですよ」。技や味だけではなく、〝思い〟も受け継いでいるのだ。

3

3.15代目の長田満さんが一つ一つ手作りする　4.壁にはここを訪れた著名人の俳句が並ぶ　5.「安倍川もち」600円

5

4

【熱海市】

ジャズとコーヒーと、昔と同じ、ゆしまの時間

ゆしま

ジャズ喫茶 ゆしま

創業 1952年(昭和27年)
住 熱海市中央町5-9 ☎0557-81-4704
営 12:00～19:00
休 日曜
席 カウンター7席、テーブル8席

昭和27年。当時31歳だったママ・土屋行子さんが、この地に純喫茶を開いた。店のBGMは、兄の影響で女学校時代から親しんできたジャズ。そして41年、店は本格的なジャズ喫茶へと移行した。東京でもジャズ喫茶が流行し、多くの若者が心酔した時代だ。熱海にはホテルで演奏するバンドマンも多く、有名無名に関わらず、彼らがこぞってこの店を訪れ、一杯のコーヒーとジャズの音色に酔いしれた。年月を重ね、レコードやCDのコレクションは今や3500枚を超え、バックカウンターの棚にぎっしりと収められている。

店自慢のコーヒーは焙煎もブレンドも当時のまま。カップを温めながら、ネルドリップで一杯ずつ丁寧に淹れるスタイルも同じだ。「おいしいわよ」の一言と共に、香り高い一杯が差し出された。大きなスピーカーからはママ選曲のモダンジャズが流れている。

1.土屋行子ママ　2.「コーヒー」400円　3.「改装しないで」という客の要望から、修理はしても昔のままを守る

【富士宮市】

アートな空間でスーパーブレンドを

らんぶる

1

2

昭和35年、今は無き沼津の「らんぶる」で修業後、結婚を機に開業。あれから数十年、マスター・深澤佑吉さんはこの道約60年の大ベテランとなった。「吟味した豆と焙煎方法には特に気を遣っています。続けてこられたのも、永く愛してくれるお客さんがいたからこそ」と、80歳を迎えた今もコーヒーを淹れ続ける。

店の入り口にはイタリア製のタイルが敷かれ、どこか懐かしい昭和な雰囲気。壁には芸術的なタイルアートが施され、天井にはシャンデリア。緑や黄色の鮮やかな照明も、創業時からずっと店内を照らし続けている。「昔は深夜12時を超えると夜の商売を終えた人であふれてね。当時のお客さんが久しぶりに来て、この店でデートをしたとか話してくれるんです」。懐かしい安らぎの場らんぶるは、今日もやさしく客を迎え入れる。

創られるコーヒー芸術 らんぶる

創業 1960年（昭和35年）
住 富士宮市大宮町17-14　☎0544-24-1340
営 10:00～17:00
休 12/31、1/1 ※臨時休業あり
席 テーブル50席

3

4

1.店の顔でもあるタイルアート　2.入り口のタイルアートも時代と共に幾度となく変化 ※店より提供　3.「オムライス」650円。スパゲティやカレー、サンドイッチなど軽食もある　4.深みと苦みのある「らんぶるスーパーブレンド」400円。ミルクと砂糖を入れてこっくりとした味を楽しみたい

【富士市】

手製のネルで淹れるブレンドコーヒー

りんでん

1

2

りんでん

創業 1959年（昭和34年）
住 富士市中之郷836 ☎0545-81-0626 ※午後のみ
営 11:00〜22:00
休 12/31、1/1 ※臨時休業あり
席 カウンター6席、テーブル10席

JR富士川駅のすぐ目の前にある、夜遅くまで明かりを灯す喫茶店。扉を開けた途端、目に飛び込んでくるのは、バックカウンターの棚にずらりと並ぶレコードとCD。クラシックからジャズ、ラテン音楽まで幅広いジャンルのコレクションが３４００枚そろう。壁際の大きなスピーカーは店主の丸橋成太（しげた）さんがカスタマイズしたもので、店の床も同様、焼き過ぎたレンガを安く仕入れ、自ら敷き詰めたという。

お手製のネルで淹れる自慢のブレンドコーヒーを一杯。「それぞれの豆の欠点を補い合って完成するブレンドこそ、おいしい」というのが丸橋さんの持論。まろやかで飲みやすいコーヒーを味わいながら、店主とあれこれ語らうのが常連客の日課だ。創業から約60年、駅を行き交う人々を見守り続けてきた「りんでん」。変わらぬ味と、居心地のいい空間を懐かしんで訪れる人も多い。

3

4

1.ロゴ入りカップで提供する「コーヒー」400円　**2.**甘めのソースが決め手の富士宮焼きそば「熟成ソースのやきそば」500円　**3.**ゆっくりと湯を注ぎコーヒーを淹れる　**4.**イギリス・タンノイ社製を店主がカスタマイズしたスピーカーが鳴り響く

【静岡市葵区】

伝統の大釜で焼く ホクホクの焼き芋

大やきいも

「創業は100年以上前。おそらく明治頃ですが、記録は残っていないんです」と4代目の中村修身さん。大きな鉄釜を使う製法も、その当時から変わらないらしい。裏で木くずをくべて火を起こし、釜を木のふたで覆って芋を蒸し焼きにするのは江戸時代の方式だそうで、余熱も重要なため、ガスではこの製法は再現できないという。

じっくり火を通すことで甘みが増し、適度に水分も残った焼き芋は、ホクホクでしっとり。飛ぶように売れる冬は、1日に最大15～16回も焼くそうだ。10年前、3代目の母・容子さんが急逝し、以来試行錯誤しながら伝統の味を守ってきた修身さん。「昔のままの店と手作りの味が皆さんにいいと言っていただける。古くて手間のかかるやり方でも、代々伝わる思いを大切に、変わらない形で続けていきたい」と話してくれた。

1

2

大やきいも おおやきいも

創業 明治時代頃
住 静岡市葵区東草深町5-12 ☎054-245-8862
営 10:00～18:00
休 月曜、第2火曜
席 テーブル12席、座敷8席

3

4

1. 約70年前からつゆを継ぎ足して作り続けているおでん。肉が120円、その他80円 **2.**「大学いも」も長年の定番。絡めるみつも昔から変わっていない **3.** 昔懐かしい駄菓子屋を思い出させる店内。座敷席もある **4.** 大釜にびっしりと並べられた芋。鍋底に塩をふって焼くのも代々伝わるやり方だ。量り売り100g180円～。販売期間は10～6月

お取り寄せ

焼津市

150余年続く手作りかまぼこ

足平蒲鉾

1.「ごぼう巻」を成形する9代目の松永大さん　2.詰め合わせセット「松」4320円

足平蒲鉾　あしへいかまぼこ

創業 1863年（文久3年）
住 焼津市本町6-7-9　☎054-628-3008
営 9:00～17:00　休 月曜
¥「詰め合わせセット 松」4320円、「ごぼう巻」46円 ※送料別途
取 電話、FAX 054・629・3008、✉ashihei@thn.ne.jp、HP

「極上無澱粉蒲鉾」1782円

かまぼこの弾力のことを指す「足」と、初代・平吉さんの名から一文字取って「足平」。その創業は江戸末期の文久3年。焼津で揚がるトビウオやキスなどを塩で味付けした半月型のかまぼこを売り歩いたのが始まりという。板付きかまぼこの製造が始まったのは明治初期の3代目からで、4代目が改良を加え、今へと続く。平成26年に全国蒲鉾品評会で水産庁長官賞を受賞した「極上無澱粉蒲鉾」のルーツがここにある。明治の頃は20人近い住み込みの奉公人がいたそうだ。

現在の店舗は昭和初期に場所を移転し建てられたもので、かまぼこをはじめ、「ごぼう巻」「桜えび天」など約15種がショーケースに並ぶ。その後ろには、火鉢や和だんすなど懐かしい調度類が見える。

若き9代目・松永大（だい）さんが、父の8代目・好隆さんと共に作業を開始するのは朝5時30分頃。繁忙期の冬は早朝4時から暖房のない工場に立つ。まず取り掛かるのは、シログチを材料に、塩や卵白を加えるタイミングが重要な「すり身」作り。「黒はんぺん」など各種練り製品を、木型で一つ一つ手作りする。「すり身に混ぜ物をすれば、単価を下げることは可能です。でも、代々の店主は誰もそれをしなかった。品質を下げたことは一度もありません」。その言葉に、老舗の自負が垣間見えた。

人気の高い「ごぼう巻」

木型で1つずつ丁寧に成形する「黒はんぺん」

年月をかけ蔵が醸す天然醸造の本物の味

栄醤油醸造

1.鍛冶でもあった先祖が作った火縄銃が飾られている　**2.**7代目の深谷益弘さん（右）と8代目の允さん（左）　**3.**昭和20年頃の蔵の様子。今（写真4）も木桶仕込みにこだわる ※店より提供

栄醤油醸造　さかえしょうゆじょうぞう

創業 1795年（寛政7年）
住 掛川市横須賀38　☎0537-48-2114
営 8:00～17:00　休 第2･4･5日曜
¥「栄醤油」918 円、二度仕込み「甘露醤油」1220円（各900ml）※送料別途
取 電話、FAX0537-48-3168、HP

遠州横須賀藩の城下町で、刀鍛冶の傍ら、しょうゆ造りをしていた一家が本業として取り組み始めたのが寛政7年。以来小さいながらも明治、大正と年月を積み重ね、大手メーカーの台頭で廃業する小さな醸造所が相次いだ昭和の時代も、天然醸造の本物にこだわり続けた。「応援してくれるお客さんに支えられて今があります。最近は全国から注文をいただくようになり、それが励みです」と7代目・深谷益弘さんは話す。

しょうゆの原材料

3年前から家業についた8代目の允（まこと）さんに案内された蔵は、明治時代の名残りが色濃く、まるでタイムスリップしたかのよう。黒光りする太い梁や、レンガ造りの麹室、旧式の小麦粉砕機が年月を物語る。ここで作られるしょうゆの原材料は大豆と小麦と、塩のみ。大豆と小麦から作った麹を、100年以上使い込んだ高さ2mもある木桶に塩水と共に仕込み、1年半かけて熟成させる。このゆったりとした時間から燻製の香りにも似た深い風味が生まれるという。そしてなにより「栄醤油」を作るのに欠かせないのが、長い時間をかけて蔵に棲みついた菌。これが発酵を助け、独特の味・色・香りを作る。「その蔵ならではの『蔵ぐせ』が、世界に一つのしょうゆを生むんです」。まさに唯一無二の存在だ。

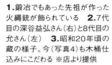

4

4.仕込み桶を定期的に攪拌し、1年半でもろみが完成。圧搾、火入れし、出来あがる　5.菌が息づく薄暗い蔵で、仕込み桶は熟成の眠りにつく

5

手火山式培乾製法で作る本枯れ田子節

カネサ鰹節商店

1

2

カネサ鰹節商店　カネサかつおぶししょうてん

創業 1882年（明治15年）
住 賀茂郡西伊豆町田子600-1　☎0558-53-0016
営 8:00〜17:00 ※11月から3月〜16:30。製造見学は予約制　休 なし
¥「本枯れ田子節」（1本1200円〜）※送料別途
取 電話、FAX 0558-53-0044、✉kanesa@mbe.nifty.com、HP

1. 木製樽を今も使い続ける店は珍しい　**2.** 鰹節のほか、なまり節やハラモの燻製なども手火山式培乾製法で作る　**3.** 麹菌をつけ発酵させ、カビが生えたら軽く手で払い天日干し。その作業を繰り返す　**4.** カツオを下ろす時に使う、左から四つ切り包丁、背びれ切り包丁、身おろし包丁、頭切り包丁

3

4

西伊豆町の田子は古くからカツオの町として栄え、1801年にこの地にかつお節の技術が伝わると、「田子節」は江戸で大人気となり、爆発的に売れたという。しかし昭和初期には40軒近くあった製造元も、今や3軒だけとなった。

明治15年創業のカネサ鰹節商店は、この江戸時代から伝わる製法「手火山式培乾（てびやましきばいかん）製法」を守り続けている店。130度を超える炉に直接手をかざし熱を計りながら、焦げないようにつきっきりで火力調整。そうしてできた荒節に麹菌を付け、20日以上発酵させ天日干しする作業を7度繰り返し、約半年かけて完成させる。この手間が、かたく締まった身に旨みを存分に蓄えた田子の本枯れ節を作る。

「かつお節の文化と製法の継承が自分の使命」と話す5代目・芹沢安久さんは、かつお節削りの体験や製造見学など食育にも力を注いでいる。

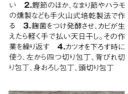

富士山の麓で作るハム・ソーセージ

二の岡フーヅ

戦前に造られた御殿場、二の岡の別荘地・通称アメリカ村に居住した宣教師ボールデン氏。養豚の普及とハム・ソーセージの加工法を日本人に伝授した人物だ。彼から技術を学んだ、初代・芹澤正策さんが昭和8年に「二の岡フーヅ」を創業。11年にボールデン氏は帰国するが、その味と技術は受け継がれた。当時はハムを知らない人も多く、商品を荷台に積み、方々売り回った。ようやく売れたわずかな代金も、帰り途中の空腹を満たす食事代に消えてしまうことも多かったという。

80余年の時を経て今は4代目・卓司さん、5代目・尚幸さんが創業当時の製法で伝統の味を守っている。漬け込みに2週間、燻製に1日かけて完成するベーコンはあめ色に輝き、力強い香りを放つ。豚のもも肉と肩肉で作るやさしい味わいの「ボロニアソーセージ」と肩を並べる看板商品だ。

1

2

3

1.ベーコンは20年前に立て替えた燻製室で作られる　**2.**カットした「ボロニアソーセージ」（上）と「ベーコン」（下）　**3.**「ボロニアソーセージ」（左）と「ベーコン」（右）　**4.**合成保存料不使用。県内産の豚肉で作るベーコン

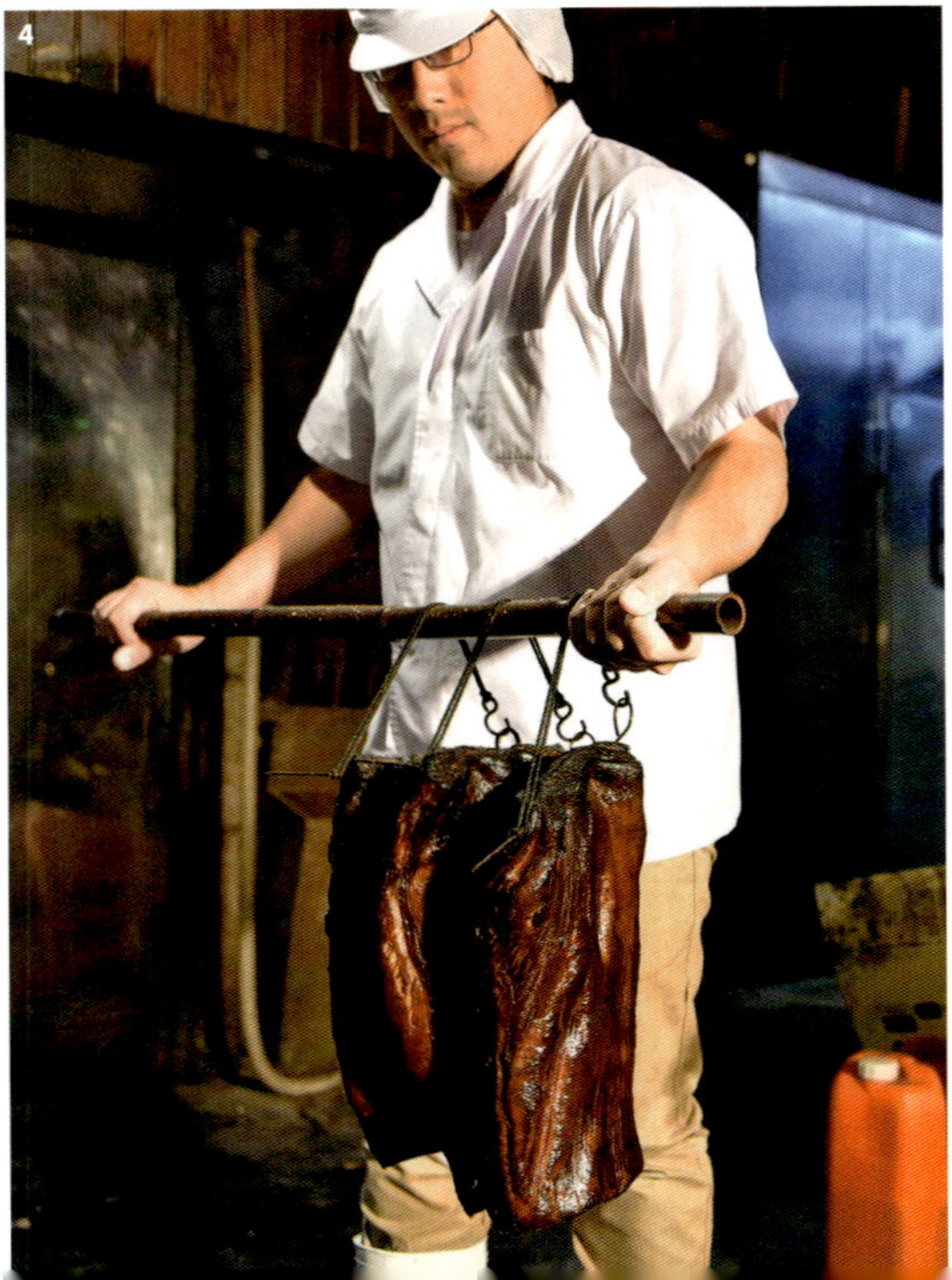
4

二の岡フーヅ　にのおかフーヅ

創業 1933年（昭和8年）
住 御殿場市東田中1729
☎0550-82-0127
営 9:00〜18:00
休 火曜（祝日営業）※12月は無休
¥ 「ベーコン」（100g）432円、「ボロニアソーセージ」（100g）238円
※送料・梱包料別途
取 FAX 0550-84-1323、HP

元祖のわさび漬けは今も手作り

田尻屋

1

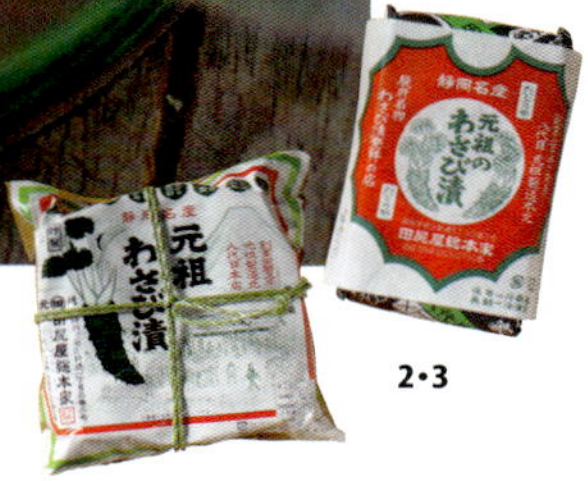

2・3

田尻屋 たじりや

創業 1753年（宝暦3年）
住 静岡市葵区新通1-3-2 ☎054-253-0740
営 10:00～17:00 休 なし
¥「わさび漬けパック」（69g）300円～ ※送料別途
取 電話、FAX（電話番号と同じ）

1. 練り製品に合わせるのが定番だが、焼き魚やシラスの釜揚げにのせてしょうゆを垂らすのも美味 **2・3.** パック入りと、樽入りがある **4.** 疎開して一つだけ焼失を免れた昭和初期の酒粕保存用の杉樽と、8代目の稲森良雄さん **5.** 幕末の1867年（慶応3年）に撮影された5代目・利三郎さん ※店より提供

ご飯のお供に、酒の肴にと親しまれている静岡名産・わさび漬け。その元祖といわれるのが田尻屋だ。江戸中期、初代・利助さんがワサビの漬物を作ろうと思い立ち、ぬか漬け、みそ漬け、酒粕漬けを試作。最もワサビと相性の良い酒粕漬けに落ち着いた。今日ではほとんどの製造元が機械を導入しているが、田尻屋は創業から250年間、手作りを貫き、毎日仕込んでいる。

原料のワサビは静岡市の安倍川・藁科川流域から、季節によって産地を移しながら仕入れる。酒粕も当初は地元の造り酒屋のものを使っていたが、戦後は兵庫県の酒どころ・灘からわさび漬けに合う吟醸の酒粕を取り寄せている。酒精分の多いやわらかい吟醸の酒粕を使えるのも手仕事だからこそ。作り立ては真っ白な酒粕に鮮やかなワサビの緑が映え、鼻に抜ける香りと辛さが際立つ。これぞ田尻屋の味だ。

4

5

森町

お取り寄せ

明治生まれの森町銘菓
シソ香る「梅衣」

栄正堂

艶やかなシロップが輝く砂糖漬けのシソに包まれた、こしあん入りの求肥餅。シソ独特の爽やかな酸味とあんの甘さが口の中で溶け合う「梅衣」は、明治初期頃から百年以上愛されている森町の銘菓だ。その創始者は江戸末期の嘉永2年、当時の森町村に生まれた加藤むめさん。菓子舗の養女となった彼女のアイデアで商品化された。梅衣は、明治末から昭和初期頃まで、皇室から支持を受けていたことが沿革史に記されている。

むめさんの愛弟子だったのが、「栄正堂」の初代・足立甚平さん。大正時代に製法を継ぎ、以来店の名物として定着した。「万葉時代から好まれる梅の花言葉は『高潔』。梅衣は、歴史深い遠州の小京都によく似合う」と話す3代目の和子さん。明治時代に手腕を発揮した女性のたくましさを胸に、誇り高い伝統菓子を今に伝えている。

1

2

3

1.最中やまんじゅう、京菓子などもそろう　2.昔の「栄正堂」の宣伝ポスター　3.ほど良い甘さの「梅衣」

栄正堂　えいしょうどう

創業 1917年(大正6年)
住 周智郡森町森584-1
☎0538-85-2517
営 8:00〜18:00
休 水曜
¥「梅衣」(5個)770円、(7個)1145円、(10個)1570円 ※送料別途
取 電話、FAX(電話番号と同じ)

生芋100%。昔ながらの製法で作るこんにゃく

久米吉

1

2

久米吉 くめきち

創業 1854年（安政元年）
住 周智郡森町一宮3843-7 ☎0538-89-0015
営 10:00〜16:00 休 火曜（祝日営業）
¥ 「一宮様献上こんにゃく板金」
「一宮様献上大玉こんにゃく金」各821円 ※送料別途
取 電話、FAX0538-89-0021、HP

小國神社の近くに店を構える「久米吉」。その創業は安政元年で、『森町明治維新以来変遷雑記』にも「加藤久米吉と云ふ人、明治初期の光明の人蒟蒻の製造を致したり〜森蒟蒻と云ひ産少きも特に有名なりし」と記されている。

160余年を経た今は5代目の倉島正三さんが後を継ぎ、代々伝わる製法を守る。その最たるものが「一宮様献上こんにゃく」だ。使用するのは契約農家から仕入れる昔ながらのこんにゃく芋「和玉」100%。バタバタと音を立て練ることから名が付いた伝統的な「ばたねり製法」で成形し、低温で一昼夜かけてゆっくりと火を入れる。弾力のある、あくや臭みのないこんにゃくは、刺身で食べられ、煮込む際も下茹での必要がない。ユズやアオサなどを混ぜた刺身こんにゃくや、こんにゃくラーメン、こんにゃくに付けて食べる田楽みそなどの新しい商品も開発している。

1. ばたねり製法、一昼夜低温熟成で作った「一宮様献上こんにゃく」 **2.** 「一宮様献上こんにゃく板金」（手前）、「一宮様献上大玉こんにゃく金」（右奥）、「一宮様献上糸こん金」（左奥） **3.** 店先で販売されている名物「おでんこんにゃく」（1本）100円。田楽みそで食べる

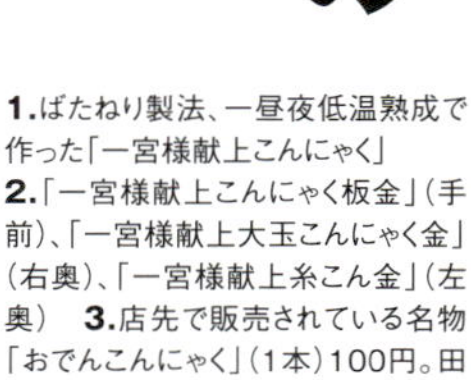

3

進化を続ける伝統の木桶熟成ソース

トリイソース

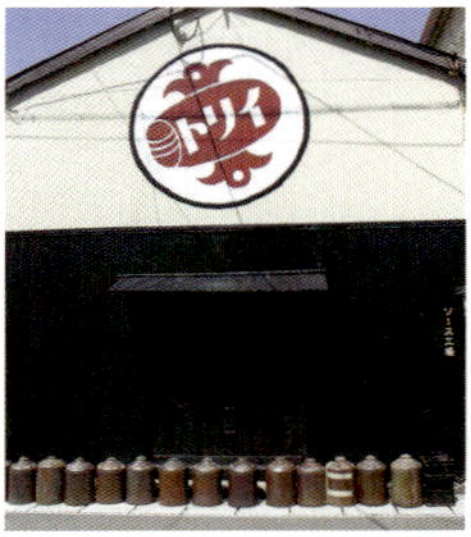

1

創業大正13年。初代・鳥居徳治さんがまだ造り手の少ないソースに着目し、「トリイソース」の歴史は始まった。初代が培った製法を受け継ぎ、その味わいをさらに高めることに情熱を注いでいるのが3代目の大資さんだ。

おいしさを引き出す秘伝の技は多々あるが、まずは材料と製法。タマネギやトマトなどの野菜は粉末ではなくフレッシュを、スパイスも原形のまま使用し、国内唯一の製法、低温二段抽出法でじっくり旨みを抽出する。そして味の決め手となるのが、創業以来使い続ける天竜杉の木桶で行う熟成作業。これまで幾度となく熟成を繰り返してきた木桶に染み込んだ風味が、ソースに加わり、まろやかな深い味わいを醸し出すのだ。

商品は、「ウスターソース」などの定番に加え、「野菜とくだものの完熟ソース」など5種類。時代に合う味を求めて、進化は止まらない。

2

3

1.事務所の一角にある直売所 **2.**「トリイウスターソース」 **3.**「野菜とくだものの完熟ソース」 **4.**年季の入った桶がソースの味を決める **5.**タマネギ、トマト、リンゴが味の基本を作る

4

5

トリイソース

創業 1924年（大正13年）
住 浜松市中区相生町20-8
☎053-461-1575
営 9:00〜17:00
休 土・日曜
¥「トリイウスターソース」420円、「野菜とくだものの完熟ソース」475円 ※送料別途
取 FAX 053・465・0200、HP

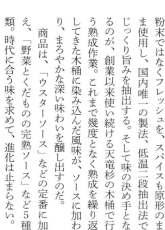

熱海市

お取り寄せ

うす塩、ふっくら自家製干物

釜鶴ひもの店

かまつるひものてん

「人気の3種ひもの篭」

江戸時代末期から続く干物専門店。魚は5代目・二見一輝瑠さんが毎朝魚市場で仕入れ、伝統の技でさばく。天日塩の塩梅と、絶妙な干し加減も代々伝わる企業秘密だ。アジ、カマスなど常時30種類そろう無添加干物のほか、塩蔵技術を活かし開発した「アンチョビ」も人気。

創業 1854〜59年頃(安政年間)
住 熱海市銀座町10-18 ☎0120-49-2172
営 8:00〜18:00 休 なし
¥ 「人気の3種ひもの篭」(アジ、カマス、サバ各2枚)3350円
※水揚げにより魚の種類変更
※送料無料、一部地域有料
取 電話、FAX 0557·81·3706、✉info@kamaturu.co.jp、HP

富士市

創業100余年の「昔ながらのみそ」

フジコウジ本多醸造所

フジコウジほんだじょうぞうじょ

江戸時代以前の東海道といわれる根方街道沿いで、「菌」の力を借りて100年。敷地内から自噴する富士の湧水を使い、昔ながらの製法でみそ、しょうゆを製造。米や麦など穀物の旨みを引き出した「金山寺」はご飯のお供はもちろん、生野菜や肉料理との相性もいい。

創業 1907年頃(明治40年頃)
住 富士市富士岡1450 ☎0545-34-0133
営 9:00〜18:00 休 不定休
¥ 「金山寺」(380g)500円、
「昔ながらのみそ」(820g)500円 ※送料別途
取 電話、FAX 0545·38·2500

金山寺こうじ

静岡市清水区

無添加、無着色の手作りかまぼこ

いちうろこ

およそ200年前に、かまぼこ作りを主とする海産物商として誕生。以来一貫して手作りを守り、数々の新商品を生み出してきた。かまぼこは貴重な国産の無リンすり身を用い、魚肉のすりあげには昔ながらの石臼を使う。職人の勘と技から生まれる、魚本来の味とプリプリ感が身上だ。

創業 1818年(文政元年)
住 静岡市清水区由比今宿13 ☎054-375-3124
営 9:00〜16:00 休 日曜、祝日(由比本店は営業)
¥ 「玉真(たま)セット」(結の浜かまぼこ、伊達巻、錦玉子)2646円 ※送料別途
取 電話、FAX 054·375·5345、HP

「玉真セット」

静岡市清水区

諸大名も親しんだ竹皮の香り

追分羊かん《おいわけようかん》

箱根山中で病に倒れた明の僧を助けたことから、ようかん作りを伝授され、元禄8年に創業。参勤交代の諸大名に喜ばれた味を今に受け継いでいる。北海道産小豆のこしあんを竹皮で包み、蒸して作る製法は昔のまま。竹皮の香りと小豆の風味、もっちりとした食感が魅力だ。

創業 1695年(元禄8年)
住 静岡市清水区追分2-13-21 ☎054-366-3257
営 8:30～16:30
休 日曜
¥「追分羊かん」(1本・300g)1050円
※送料別途
取 電話、FAX 054・366・3259

静岡市葵区

みかんのお酢「延命酢」が人気

近藤酢店《こんどうすてん》

酢蔵の木桶の中で発酵が進む

仕込んだ「もろみ」に酢酸菌を加えて静かに酢酸発酵を行う「静置法」を守り、品質の高いマルヤス印の「米酢」や「すし酢」を製造。40年前の誕生以来人気の「延命酢」は、静岡産ミカンを使用した果実酢に、蜂蜜などで甘みを付けた調味酢。ドリンクとしても楽しめる。

創業 1933年(昭和8年)
住 静岡市葵区岳美7-29 ☎054-245-3635
営 9:00～17:00
休 土・日曜、祝日
¥「延命酢」(900ml)1080円 ※送料別途
取 電話、HP

大正時代から続く炭火焼きの「やき豚」

静岡市葵区

大石精肉店《おおいしせいにくてん》

まだ家庭に冷蔵庫がない大正時代に、初代が中華のチャーシューをヒントに保存食として「やき豚」を商品化。厳選した豚肉を代々伝わる秘伝の無添加のたれに漬け込み、備長炭でじっくり時間をかけて吊るし焼きにする製法は今も昔も同じ。ジューシーな味わいがたまらない。

創業 1917年(大正6年)
住 静岡市葵区常磐町2-7-8 ☎054-252-1725
営 8:30～18:30 休 日曜、祝日
¥「炭火やき豚」(2本)2700円～ ※送料別途
取 電話、FAX 054・251・2980

©kozo kaneda

焼津市

お取り寄せ

伝統の手火山式で作るなまり節

川直《かわなお》

焼津港で水揚げされたカツオで作るなまり節を主に製造する燻製専門店。初代がかつお節職人だったため、伝統の「手火山（てびやま）式」を活用。カツオを釜茹でし、ナラの木で燻製。毎日作り立てを販売、直送する。出来たては香りが違うと好評だ。サケやサバの燻製もある。

創業 1877年（明治10年）
住 焼津市八幡4-13-7 焼津さかなセンター内
☎054-627-7928　営 9:00～17:00　休 隔週水曜
¥「つくりたて鰹のなまり節」亀節1500円～（500g前後）※送料別途
取 電話、FAX 054-629-7009、HP

島田市

江戸時代から続く名物「小饅頭」

清水屋《しみずや》

名物「小饅頭」は5代目・伝左衛門が、紀州浪人に甘酒皮の饅頭作りを伝授されたことから始まった。その後、松江藩の松平不昧（ふまい）公の助言で一口大サイズにしたところ評判となり、街道の名物となった。米麹から作る自家製酒種が醸し出す風味と、こしあんの上品な甘さが人気の秘密。

創業 1722年頃（享保年間）
住 島田市本通2-5-5　☎0547-37-2542
営 8:30～19:00　休 なし
¥「小饅頭」（12個入り）880円 ※送料別途
取 電話、FAX 0547･36･3601、HP

島田市

天然醸造でじっくり熟成

マルイエ醤油川根本家《マルイエしょうゆかわねほんけ》

島田市川根町で100余年、4代に渡り受け継いだ技で、天然醸造のみそとしょうゆを作り続けている。看板商品のしょうゆは厳選した原材料を、創業以来使い続ける杉桶で1年半かけ熟成。味が満ち、香りの華が咲くのを待つ。美濃焼の徳利入りは、贈り物にも最適だ。

創業 1910年（明治43年）
住 島田市川根町家山796　☎0547-53-2212
営 9:00～19:00　休 不定休
¥「手造り醤油 美濃焼徳利入り」（4合）1680円 ※送料別途
取 電話、FAX 0547-53-4127、✉info@maruie-shouyu.com、HP

浜松市東区

ご飯の友にぴったり甘辛い「志そ巻」

六軒京本舗《ろっけんきょうほんぽ》

幕末の頃、東海道浜松宿の東、六軒という地で、初代京次郎の妻・まつが、シソ葉でみそを巻き、直火で焼いた「志そ巻」を、茶店で旅人に売り出したところ、土地の名物に。今も変わらず手作りし、油で揚げた「青しそ巻」や「青しそピーナツ」も好評だ。

創業 幕末
住 浜松市東区大蒲町83-11 ☎053-461-3677
営 9:00〜17:00
休 日曜（祝日営業）
¥「志そ巻」（2串）310円、
「青しそ巻」（1串）191円 ※送料別途
取 電話、FAX 053-461-5017

ドイツ式製法で作る手作りハム

天竜ハム 吉野屋精肉店《てんりゅうハム よしのやせいにくてん》

創業 1934年（昭和9年）
住 浜松市天竜区二俣町二俣1147
☎053-925-2003
営 9:00〜18:30 休 日曜
¥「ロースハム」540円、「プレスハム」298円、
「ベーコン」398円（各100g、200g〜）※送料別途
取 電話、FAX 053-925-2413

浜松市天竜区

かつて養豚が盛んだった遠州で、二俣の精肉店として創業。試行錯誤の末、ドイツ製法によるハム作りを習得。今もその製法を守り、熟成させた浜松産ブランド豚から、香り豊かな布巻きロースハムなど15種類を手作りしている。ベーコン、プレスハムのファンも多い。

浜松市浜北区

しょうゆ屋ならではのまろやかソース

明治屋醤油《めいじやしょうゆ》

明治創業のしょうゆ醸造所でソース作りが始まったのは先々代の頃。とんかつ、ウスター、中濃の3種類を「高嶺ソース」と名付け販売。戦後の洋食ブームと相まって、人気となった。リンゴや野菜の甘みと、香り高い香辛料とのバランスが絶妙で、隠し味にしょうゆが使われている。

創業 1875年（明治8年）
住 浜松市浜北区小松2276 ☎053-586-2053
営 8:00〜18:00 ※土曜9:00〜16:30 休 日曜、祝日
¥「高嶺ソースセット」（300ml・3本）972円 ※送料別途
取 電話、FAX 053-586-2117
✉info@meijiyashouyu.com

「高嶺ソースセット」

しずおか老舗味物語 INDEX

企画・編集　静岡新聞社 出版部

スタッフ（取材、撮影）
海野しほこ　太田正江　梶歩
佐々木透　瀧戸啓美　忠内理恵
永井麻矢　御宿千香子　水口彩子

カメラ
深澤二郎　依田崇彦

デザイン・制作
Komada design office
塚田雄太

ぐるぐる文庫Special
しずおか老舗味物語
2018年1月19日　初版発行

著　者　静岡新聞社
発行者　大石　剛
発行所　静岡新聞社
〒422-8033 静岡市駿河区登呂3-1-1
TEL 054-284-1666

印刷・製本　大日本印刷株式会社

ISBN 978-4-7838-1998-1 C0036